KB209178

時時有佛號 便得大自在

彼佛何故名觀自在 以忘我故到處無礙

這句佛號即是眞般若 這是最秘的核心

언제나 부처님 명호가 있으면 곧 대자재를 얻는다.

저 부처님은 무슨 까닭에 관자재라 이름하는가?

나를 잊는 연고로 도처에서 걸림이 없다.

「나무아미타불」, 이 한마디 부처님 명호 그대로 참 반야이다.

이것이 가장 깊은 비밀의 핵심이다.

– 반야심경 오가해 강기

淨宗法要集

정토참법

원친채주 참회발원문

如來所以興出世唯說彌陀本願經

"부처님께서 세상에 오신 까닭은
오직 아미타부처님 본원의 바다를
말씀하시기 위함이니라."

목 차

머리말

정종淨宗의 종지

정공법사

일체 염불법문 중에서 지극히 간단하고 쉬우며, 지극히 온당한 법문을 구한다면 곧 믿고 발원하여 부처님 명호를 전일하게 수지하는 것만한 것이 없다. 이런 까닭에 정토삼부경이 세상에 함께 유통되었지만, 고인들께서는 유독 《아미타경》만을 예불 일과로 삼으신 것이다. 어찌 지명일법이 세 근기를 두루 가피함이 아니겠는가!

又於一切念佛法門之中。求其至簡易至穩當者。則莫若信願專持名號。是故淨土三經並行。古人獨以彌陀經為日課。豈非持名一法。普被三根。

_《불설아미타경요해佛說阿彌陀經要解》, 우익蕅益 대사

1

부처님께서 염불왕생을 설하신 경전에는 삼부가 있습니다. 《무량수경》, 《관무량수경》, 그리고 본경인 《아미타경》으로 우리들은 「정토삼경淨土三經」이라고 부릅니다. 이 삼부경은 서방극락세계에 왕생하는 이치 · 방법 · 경계를 전일하게 말하고 있어, 옛 대덕들께서는 「왕생경往生經」이라 불렀습니다. 그 후 몇몇 조사대덕들께서 또 《화엄경》의 「보현행원품」과 《능엄경》의 「대세지보살염불원통장大勢至菩薩念佛圓通章」, 이 두 가지를 삼경 뒤쪽에 첨부하였고 이를 「정토오경淨土五經」이라 불렀습니다. 우리가 오늘날 보는 정토오경의 내력을 살펴보면 그것은 그렇게 유래되었습니다. 이 다섯 가지 경은 우리들에게 오로지 이 법문을 수학하여 서방극락세계에 태어나길 구하는 방법을 가르칩니다.

경전에서는 우리들이 염불하는 방법을 매우 많이 가르치고 있습니다. 그것을 귀납하면 네 가지에 벗어나지 않습니다. 첫째는 실상염불實相念佛이라 하고, 둘째는 관상염불觀想念佛이라 하며, 셋째는 관상염불觀像念佛, 넷째는 지명염불持名念佛이라 합니다. 이 방법은 모두 《관무량수경》에 있습니다. 그 가운데 지명염불의 방법은 제16관 하배생상下輩生想에 소개되어 있습니다. 부처님께서는 대본인 《무량수경》과 소본인 《아미타경》에서 우리들에게 오로지 지명염불의 방법을 취하도록 가르치셨습니다. 이로 보아 석가모니부처님께서는 「지명염불持名念佛」을 대단히 중시하셨음을 알 수 있습니다. 석가모니부처님께서 중시하심은 실제로 말하면 일체 제불께서 모두 중시하는 것으로 이른바 부처님과 부처님은 가르침이 같으므로(佛佛道同) 모두 이 법문을 중시하십니다.

그렇다면 이 법문은 어떤 점이 좋습니까? 얼마나 좋습니까? 확실히 일반 사람은 쉽게 체득하지 못합니다. 만약 진정으로 배우고 진정으로 이런 경계에 계입契入하지 못한다면 설명할 수 있는 방법이 없습니다. 선도대사와 영명연수대사, 연지대사와 우익대사 같은 대덕들께서는 그들의 저술에서 확실히 우리에게 매우 상세하고 명료하게 설명해 주고 계십니다. 그러나 우리들은 자신의 업장이 매우 무거워 이 책들을 읽을 수 없고, 이러한 법문을 들을 수 없으며, 여전히 청정한 신심을 일으키지 못합니다. 이것이 우리의 불행입니다. 그래서 반드시 선지식의 지도가 필요합니다. 선지식의 도움을 받아서 당신 스스로 진정으로 공부하고 수행한 다음 체득하여야 비로소 그것을 똑똑히 알 수 있습니다. 만약 열심히 수학하면서 독송하고 청경하지 않는다면 기껏해야 팔식(八識; 아뢰야식)의 밭에 선근을 조금 심었을 뿐, 업을 바꾸는 일이 일어나지 않고 문제를 해결할 수 없습니다.

만약 진정으로 이번 일생 중에 자신을 바꾸고 싶다면, 다시 말해 자신의 운명을 바꾸고 자신의 인생을 바꾸고 싶다면, 믿고 진정으로 행하시길 바랍니다. 분명 해내기 어려운 것은 없습니다. 사람마다 각자 확실히 운명이 있습니다. 운명은 어디서부터 생깁니까? 운명은 업으로부터 생깁니다. 당신이 업을 지으면 업이 바로 운명의 근원이 됩니다. 우리가 오늘부터 부처님의 가르침에 따라 수학하면서 일체 악업을 끊고 일체 선업을 닦아나가면 우리들이 얻는 결과는 당연히 악보를 여의고, 선과를 얻을 수 있습니다. 그래서 이는 확실히 이론적인 근거가 있는 것입니다.

네 가지 염불법문 중에서 가장 간단한 것이 「전지명호專持名號」입니다. 전專은 전심專心으로 하고 전일專一하게 하는 것이며, 지持는 수지하여서 그것을 잃지 않는 것입니다. 명호는 바로 「나무아미타불」 여섯 글자입니다. 우리들은 하루 종일, 1년 내내 이 한마디 부처님명호를 결코 떠나서는 안 됩니다. 염하는 방법은 「나무아미타불」 여섯 글자나 「아미타불」 네 글자를 염하는 것이 모두 가능하고, 큰 소리로 염해도 좋고 작은 소리로 염해도 좋으며, 소리를 내지 않고 마음속으로 묵념하여도 좋습니다. 다만 중요한 것은 중간에 중단하지 않고, 의심을 품지 않으며, 뒤섞지 말아야 합니다.

이렇게 염불하는데 얼마의 시간을 들여야 효과를 볼 수 있을까요? 제가 여러분에게 말씀드립니다. 3개월에서 6개월이면 효과를 봅니다. 그러나 진실로 하지 않으면 안 됩니다! 진실로 함(眞幹)이란 무엇입니까? 바로 방금 말씀 드린 세 마디, 의심을 품지 않고(不懷疑), 뒤섞지 않으며(不夾雜), 중간에 중단하지 않는(不間斷) 것입니다. 당신이 이 세 마디를 진정으로 실천하면 「진실한 염불」이라 합니다. 한편으로는 염불하고 한편으로는 다른 일을 생각하면 이것을 뒤섞음(夾雜)이라 합니다. 그러면 염불이 전일하지 못하고 그러면 효과를 얻을 수 없습니다. 몇 마디 부처님 명호를 염하다가 잊어버리고 중단해 버리면 안 됩니다. 부처님 명호가 한번 끊어져버리면 반드시 두 가지 현상이 일어납니다. 하나는 망상이 일어나고, 하나는 혼침昏沈에 빠집니다. 혼침은 무명에 떨어지는 것으로 아무것도 모릅니다.

오직 이 방법에 따라 염불해가면 3개월에서 반년의 시간에 당신의 업장은 소멸합니다. 당연히 업장이 완전히 소멸하지는 않겠지만, 확실히 일부분은 소멸함을 당신 스스로 느끼게 됩니다. 어떤 느낌이 들까요? 첫째, 머리가 종전에 비해 맑고 깨끗해집니다. 이전에는 정신이 늘 흐리멍덩했다면 지금은 어리석지 않고 총명하며, 지혜가 드러나서 이전과 달라집니다. 반년의 시간이면 효과를 거둘 수 있습니다. 둘째, 마음이 청정해집니다. 종전에 망상이 매우 많았다면 지금은 망상이 적어지고, 마음이 청정하고 번뇌가 적으며, 걱정 근심거리가 줄어들며, 마음이 비교적 안정되고 청정해지며 지혜가 생깁니다. 당신이 진정으로 이 방법으로 자신을 훈련해나가면 진실로 효과가 있습니다! 이 속에 들어있는 이론을 알든 알지 못하든 관계 없습니다. 이론을 알면 당연히 좋겠지만, 몰라도 행할 수 있습니다. 당신이 진실로 기꺼이 하기만 하면 이런 방법에 따라 확실히 효과를 볼 뿐만 아니라 효과가 대단히 빠릅니다. 다른 종파법문에서는 반년 동안에 효과를 볼 수 있는 경우는 그리 많지 않습니다. 염불법문은 확실히 효과가 있습니다.

어떤 법문이 온당합니까? 반드시 옛날 성인과 현인들의 가르침에 대해 신심이 있어야 하고, 그가 결코 자신을 속이지 않음을 알아야 합니다. 부처님께서는 사람들에게 거짓말을 하지 말라고 가르치셨는데, 어찌 당신이 스스로 다른 사람을 속일 리가 있겠습니까? 불가능합니다. 부처님께서 우리들에게 하신 말씀은 한 마디 한 마디 모두 진실합니다.

첫째, 염불하는 사람은 염불의 이론·경전에 대해서 통달하던 통달하지 못하던 관계없이 진정으로 믿고 진정으로 발원하고서 이 방법대로 수학하면, 당신은 곧 아미타부처님 본원 위신력의 가지를 얻게 될 것입니다. 중국 속담에 "불보살님께서 보우하신다"는 말이 있습니다. 염불하는 사람은 확실히 얻으니, 온당합니다.

둘째, 염불하는 사람은 의심을 품지 않고 뒤섞지 않으며 중간에 중단하지 않는다는 원칙을 따르기만 하면 공부가 무르익을 때 반드시 현세에는 불가사의한 감응이 있고, 임종시에는 부처님께서 결정코 마중하러 오셔서 접인하십니다. 사람이 세상에서 만나는 가장 큰 복보는 무엇입니까? 그것은 절대 재산도 아니고 절대 장수도 아닙니다. 세상 사람들이 구하는 것은 모두 가상으로 모두 한바탕 공입니다. 진정한 복보는 임종 때 병에 걸리지 않고 머리가 맑고 깨끗하여 자신이 어디로 가는지 아는 것이야말로 진정한 복보입니다. 옛날 사람들 중에는 이런 경계에 도달한 사람이 매우 많았습니다. 지금 사람들도 적지 않습니다. 왜 다른 사람들은 해내지 못하고, 나도 왜 해내지 못합니까? 차이는 없습니다. 해내는 사람은 진실로 닦은 사람입니다. 진실로 닦음은 방금 말했듯이 의심을 품지 않고, 뒤섞지 않으며, 중간에 중단하지 않으면 진정으로 해낼 수 있습니다. 우리가 오늘날 왜 해내지 못하겠습니까? 우리는 이 세 마디 원칙이 없이 행하기 때문입니다.

최근 몇 해 동안 대만에서 염불하여 왕생하신 분들을 보면 서서 가신 이도 있고, 앉아서 가신 이도 있습니다. 이들은 모두 병에 걸리지 않았고, 모두 어느 날 어느 때에 왕생할지 똑똑히 분명하게 알았습니다. 최근 40년 동안 이렇게 자재하게, 이렇게 소탈하게 왕생하신 분이 대만에서 총 2, 30여명이나 있었습니다. 염불왕생의 서상을 보이신 분도 5백 명을 넘어섭니다. 대만은 확실히 대단한 지역입니다. 남양南洋에서도, 싱가포르에서도, 말레이시아에서도 제가 몇 년간 경전 강의하러 가면 그곳 동수분들께서 모모 씨는 왕생할 때 앉아서 가셨고, 가는 때를 미리 알고 가셨다고 말해주셨습니다. 제가 들은 것만으로도 5, 6명이나 됩니다. 미국에서도 들은 적이 있습니다.

동수 여러분들께서 다 알고 계시는 감甘 노부인은 현재 멀리 샌프란시스코에 살고 계셔서 저녁에 여기 와서 경전강의를 듣기에는 불편하십니다. 몇 년 전에 그녀가 저에게 일러주셨습니다. 그녀에게는 친척 한 분이 계셨는데, 바로 미국에서 왕생하셨고 앉아서 가셨다고 합니다.

그녀는 말했습니다. "이 사람은 평상시 볼 수가 없었어요. 나이가 많아지자 집에서 아이들을 돌보고 밥을 지어주면서 그녀의 딸과 한 곳에 살았죠. 가는 그날, 언제 가셨는지 몰랐대요. 왜냐하면 매일 아침에 그녀가 아침밥을 지었는데, 그날 아침은 아침밥을 짓지 않아서 가족들이 곧 그녀의 방을 열어서 보니 그 어르신이 책상다리를 하고 앉아서 이미 돌아가셨더래요. 더욱 신기한 것은 그녀가 딸과 며느리, 아이들의 상복을 한 사람 한 사람 모두 잘 만들어서 모두 그녀의 침대 옆에 놓아두었다는 거예요. 언제 만들어 놓으셨나? 필시 아무도 보지 않는 때, 집안 식구들이 출근하고서 그녀가 집에서 이 상복을 만들어서 뒷일까지 깔끔하게 준비를 해 둔 것이 분명해요."

이로 보아 그분은 가는 때를 미리 아셨고, 그렇게 소탈하게, 그렇게 자재하게 왕생하셨음을 알 수 있습니다. 이것이 모두 증거입니다. 기독교에서는 증인(見證)을 말합니다. 우리 불법에서는 부처님께서 경전을 강설하실 때, 세 차례 법의 수레바퀴를 굴리시는데(三轉法輪), 첫째 당신에게 이치를 말씀하여 주시고(示轉), 둘째 비유를 들어 말씀하시며(勸轉), 셋째 증거를 꺼내어 당신에게 보여주십니다(證轉). 이들 왕생하는 사람들은 모두 증거로 확실히 이렇게 자재할 수 있습니다. 비결은 다른 것이 아니라, 바로 그 사람이 진정으로 행한 것에 있습니다. 즉 의심을 품지 않고, 뒤섞지 않으며, 중간에 중단하지 않고, 한마디 부처님 명호를 끝까지 염하였습니다. 그래서 이 법문은 가장 온당한 법문입니다. 이것보다 더 온당한 법문은 없습니다.

믿음과 발원과 부처님 명호를 전일하게 수지하는 것은 이 법문의 가장 중요한 조건입니다. 당신이 진실로 믿으려면, 진정으로 극락세계에 가길 원한다면 진정으로 아미타부처님을 친견하길 원하십시오. 여러분들은 반드시 한 가지 사실을 알아야 합니다. 부처님께서는 《금강경金剛經》에서 우리들에게 "무릇 모든 상은 다 허망하니라(凡所有相 皆是虛妄)." "일체 유위법은 꿈 같고 물거품 그림자 같으니라(一切有為法 如夢幻泡影)."라고 말씀하셨습니다. 《금강경》은 고도의 지혜를 설한 경입니다. 우리들은 이 경문을 듣고 이 경문을 독송하지만 종래 진지하게 생각해본 적이 없어 이런 경계를 처음부터 끝까지 들어가지 못했습니다. 만약 진지하게 생각하고 또 생각해본다면 인생은 확실히 한바탕 꿈입니다. 죽을 때가 되어서야 한바탕 꿈이라고 여길 필요도 없이 실제로 날마다 꿈을 꾸고 있고, 매순간 꿈을 꾸고 있습니다. 죽을 때가 된 후 비로소 허망한 것이 아니라 눈앞에 보이는 어느 것인들 허망하지 않겠습니까? 어느 것이 진실한 것입니까? 결코 찾을 수 없습니다. 이것은 정말입니다.

이전을 생각하나 이후를 생각하나, 이것을 생각하나 저것을 생각하나, 얻으려고 근심하고 잃지 않을까 근심하니, 모두 망상 · 집착이라 합니다. 이러한 망상 · 집착은 모두 진실이 아니고, 하나도 진실한 것이 없으며, 이것이 진정한 깨달음임을 전혀 모르고 있습니다. 진정으로 깨닫고 진정으로 명백히 알아야, 당신은 기꺼이 내려놓을 수 있습니다. 이렇게 내려놓아야 사람은 깨닫고 마음은 청정해집니다. 세상에는 일체법을 얻을 수 없을 뿐만 아니라 우리 자신의 이 몸도 얻을 수 없습니다. 몸이 얻을 수 있는 것이라면 왜 늙어야 합니까? 왜 병이 들어야 합니까? 몸이 진정으로 자기라면 응당 해마다 18세 청춘이고 오래 살고 늙지 않아야 비로소 진실한 것입니다. 날마다 변화가 일어나고 찰나찰나 변화 속에 있으니 어느 것이 진실한 것입니까? 한 법도 진실한 것이 없습니다.

사람과 사람이 함께 지내고 사람과 이 세상이 함께 지내는 것은 다름 아니라 「인연(緣)」, 이 한 글자임을 알아야 합니다. 인연이 모이고 흩어지니, 모든 것이 무상합니다. 인연이 모이는 때라고 기뻐하지 말고, 인연이 흩어지는 때라고 슬퍼하지 마십시오. 인연이 흩어지는 것은 정상적인 것으로 본래 이와 같아서 모두 하나의 인연에 있습니다. 그래서 불법에서는 이 세계를 「연생법緣生法」이라고 말합니다. 즉 인연으로 법이 생겨납니다. 무릇 연생법은 모두 진실이 아닙니다. 그래서 "무릇 모든 상은 다 허망하니라."라고 말씀하셨습니다. 이것은 부처님께서 진여실상을 우리들에게 설명해주신 것입니다. 우리들은 이러한 진여실상의 구경을 명백히 알아야 하고, 그러려면 자기 스스로 원만한 지혜를 성취해야 합니다.

원만한 지혜는 어떻게 해야 성취할 수 있습니까? 서방극락세계에 가서 아미타부처님을 친견하는 것이 가장 빠른 방법이고, 가장 곧장 질러가는 방법입니다. 우리들은 비로소 우주와 인생의 진상을 철저하게 명료하게 이해할 수 있습니다. 그래서 제불 조사들께서는 우리들에게 정토의 이 세 가지 조건을 수학하도록 가르쳐주셨습니다.

2

정토삼부경은 앞에서 말씀드렸듯이, 이 법문은 비록 묻는 사람이 없을지라도 석가모니부처님께서 중생의 기연機緣이 성숙함을 관찰하시고, 우리들을 위해 법문을 설해주신 것입니다. 《무량수경》에서 이렇게 기연이 성숙한 경우는 매우 희유하다는 것을 읽은 적이 있을 겁니다. 《무량수경》의 설법에 따르면 이 중생은 과거 무량겁이래로 수행으로 닦은 선근공덕이 있어 이번 생에 기연이 성숙된 것입니다. 왜 그렇습니까? 그는 비로소 이 법문을 믿을 수 있고 비로소 이 법문을 받아들일 수 있기 때문입니다. 만약 무량겁의 선근공덕이 성숙되지 못하면 설사 이 법문을 들을지라도 그는 전혀 믿을 수 없고 착실히 수학할 수 없습니다. 바꾸어 말하면 이번 일생 중에 왕생할 수 없습니다. 이런 사람은 성숙하지 못한 사람입니다.

진정으로 성숙한 사람은 한 번의 접촉으로 한 번에 받아들입니다. 그는 진정으로 의심을 품지도, 중간에 중단하지도, 뒤섞지도 않습니다. 이렇게 실천하는 사람만이 선근이 성숙한 사람입니다. 선근이 성숙한 사람은 이번 일생 중에 결정코 왕생합니다. 바꾸어 말하면 그는 이번 일생 중에 결정코 부처가 됩니다. 이것으로 다 됐습니다!

그래서 이 법문은 설사 모든 사람에게 권하여 모든 사람이 받아들이지 않고 믿지 않을지라도 낙심할 필요가 없고, 그를 책망할 필요가 없습니다. 왜 그렇습니까? 의심할 것도 없이 그의 선근이 성숙되지 않았기 때문입니다.

부처님께서도 도와주지 못하는데 우리들 중 어떤 사람이 도와줄 수 있겠습니까? 제불보살께서도 그를 도와줄 수 없습니다. 반드시 그가 다생다겁의 선근이 성숙되어야 합니다. 두 번째로 바로 시방여래께서 본원의 위신력으로 은연 중 드러나지 않는 가운데 그를 가지加持하여야 합니다. 그러면 그는 믿을 수 있고, 발원할 수 있으며, 행할 수 있습니다.

정토삼부경, 현재는 정토오경이 비록 세상에서 나란히 행해지고 있지만, 옛사람들은 오직 《아미타경》만 예불일과日課에 넣었습니다. 이는 중국불교에서 매우 보편적이었으며, 선종도 거의 예외 없이 포함합니다. 선종의 독송과본인 《선문일송禪門日誦》을 보면 그들은 저녁일과로 《아미타경》을 염송하였습니다. 선종의 어떤 파에서는 저녁일과로 홀수 날은 《아미타경》을 염송하고, 짝수 날은 팔십팔불을 염송하는데, 《아미타경》을 상당히 중시하는 것을 볼 수 있습니다. 중시하는 원인은 바로 "아미타불 명호를 지니는 일법이 두루 세 근기를 가피하기" 때문입니다.

일체 중생의 근기와 성향은 크게 상중하로 구분합니다. 이 법문은 일체 근기와 성향이 모두 닦을 수 있지만, 다른 법문은 이와 다릅니다. 예를 들면 선종에서는 단지 상근기의 사람만이 닦을 자격이 있고, 중근기 · 하근기의 사람은 몫이 없습니다. 육조대사의 《단경壇經》을 보면 매우 또렷하게 말합니다. 대사께서 받아들이는 사람, 즉 가르치는 대상은 상상승인上上乘人이라고 말씀하셨는데, 대승인大乘人보다 높은 사람을 요구했습니다. 육조께서는 신수神秀대사가 받아들이는 사람은 대승인이고, 그가 받아들이는 사람은 상상승인이라고 말했습니다. 이는 선종은 반드시 상근의 근기가 되어야 수학할 수 있고, 성취할 수 있을지 여부는 여전히 자신이 없습니다. 교하教下에서는 화엄종 · 천태종 · 법상종 · 삼론종의 종파처럼 그들의 대상은 상근기 · 중근기의 사람입니다. 대개 상근의 이지理智를 가진 사람이 이 법문을 수학하면 모두 상당한 성취가 있고, 중근기의 성취도 다소 많지만, 하근기는 몫이 없으며 이익을 얻을 수 없다고 말할 수 있습니다.

오직 이 법문만이 상중하 세 근기, 심지어 이른바 글자를 모르는 할머니나 할아버지가 이 법문을 닦아도 왕생할 수 있고, 똑같이 지혜가 열립니다. 이는 진실입니다. 그래서 고인께서는 "만약 지혜로운 사람이나 어리석은 사람이나 모두 다 몫이 있어, 남녀노소 모두 다 닦을 수 있다."고 말씀하셨습니다.

《왕생전往生傳》에는 형주衡州 출신 왕타철王打鐵 거사의 사례가 기록되어 있습니다. 형주衡州는 바로 현재 후난湖南성 형양衡陽입니다. 형양 일대에는 왕타철의 영향을 받아 염불하는 사람이 매우 많습니다. 왕타철은 대장장이로 글자를 몰랐고, 그의 가족은 아내와 두 아이, 네 식구로 하루 일하지 않으면 하루 생활도 못할 정도로 매우 고되었습니다. 어느 날 한 법사를 만났습니다. 한 출가자가 그의 대장간을 지나가고 있었는데, 그를 보고서 매우 감동하였습니다. 이 출가인에게 대장간에 와서 앉을 것을 청하여 그에게 차 한 잔을 공양하였습니다. 그에게 가르침을 청하며 "저의 생활이 매우 괴로운데, 제가 괴로움을 여의고 즐거움을 얻을 수 있는 방법이 없겠습니까?"하고 말했습니다. 이 법사는 그에게 아미타불을 염할 것을 권하면서 "당신이 염불을 잘 하기만 하면 반드시 이익이 있을 것이오."라고 말했습니다.

그는 그 말을 진실로 잘 듣고서 이때부터 이후로 쇠를 두드릴 때 쇠망치로 두드리면서 아미타불, 들어 올리면서 아미타불 하였습니다. 풀무질을 할 때 밀어 내보내면서 아미타불, 빼내면서 아미타불하며 하루 종일 아미타불을 염하였고, 매우 부지런히 염불하였습니다. 그의 아내는 그녀에게 "당신은 쇠를 두드리는 일도 이렇게 고된 데, 거기다가 아미타불을 염하면 더 고되지 않아요?"하고 말했습니다. 그러자 그는 "아냐. 나는 종전에는 매우 고되었지만, 현재 아미타불을 염하면서 고되다고 느껴본 적이 없어." 이렇게 3년간 염불하였습니다.

어느 날 왕생할 때 그는 글자를 모르면서도 뜻밖에 시 한 수를 지어서 말했습니다. "댕그랑 댕그랑 오랫동안 담금질하니, 강철이 되었다. 태평에

거의 가까우니, 나는 서방에 왕생하겠다." 그는 쇠망치를 한번 두드리고서 그 자리에서 선 채로 왕생하였습니다. 병에 걸리지도 않고서 선 채로 돌아가신 것이었습니다. 이웃사람들이 이를 보고 큰 감동을 받았습니다. 이렇게 돌아가시는 경우는 대단히 보기 드뭅니다. 그와 같은 부류는 우리가 말하는 하근기의 매우 어리석은 사람으로 교육도 받은 적이 없고 책을 읽은 적도 없습니다. 그가 임종 때 시 한 수를 남긴 것으로 보아 그는 지혜가 열렸고, 미혹을 깨뜨리고 깨달음을 얻었으며, 개오한 후에 그렇게 소탈하게 돌아가셨고, 그렇게 자재하게 돌아가셨음을 알 수 있습니다.

제가 1968년(민국 57년), 대만 타이난(台南)에 있을 때 장쥔(將軍) 향鄕에 사는 할머니 한 분이 가는 때를 미리 알고서 선 채로 왕생하셨습니다. 작년에 제가 대만 가오슝(高雄)에서 강연할 때 이 일을 언급하자 청중 가운데 몇몇 분이 저에게 그들도 다 알고 있다고 말했습니다.

타이베이(臺北) 연우염불단의 이제화李濟華 노거사가 왕생 때 보여준 서상은 이보다 더 불가사의합니다. 어느 날 그가 돌아가려던 때 감甘 노거사가 현장에서 그의 법회에 참가하였습니다. 노거사는 연세가 80여 세였습니다. 그는 1시간 반가량 경전 강의를 하던 중에 노파심에 대중들에게 거듭 충고하며, "착실하게 염불을 잘 하십시오."라고 권하였습니다. 강의를 마친 후 대중에게 "저는 집으로 돌아갑니다."고 말했습니다. 사람들은 그가 80여 세라서 1시간 반 가량 강의를 하고 너무 피곤해서 집에 가서 휴식을 취해야겠다는 뜻으로 여겼습니다. 그런데 어르신께서 강단에서 내려와 강당 옆에 작은 응접실에 있는 소파에 앉은 채로 돌아가실 줄 어찌 알았겠습니까? 매우 자재하셨습니다! 그는 거의 2개월 이전에 왕생할 것을 알고 있었습니다. 틈이 날 때마다 그는 옛 친구들을 만나, 마지막 보는 것이라고 작별인사를 하였습니다.

어느 날 저녁에 법회에 참가하였습니다. 그때는 타이베이에 아직 택시가 없었고 삼륜차가 있던 시절입니다. 그는 아내와 삼륜차에 앉아 법회에 참가하러 가는 길에 그의 아내에게 상의를 했습니다. 왜냐하면 그에게는 몇 명의 자녀들이 있었지만, 모두 미국에 있어 노부부 두 사람만 같이 살고 있었기 때문입니다. 그는 말했습니다. “내가 왕생하려고 하는데, 당신 외롭지 않겠어요?” 그의 아내는 말했습니다. “당신이 왕생할 수 있으면 그것은 매우 좋은 일이죠! 저는 외롭지 않아요.” 딱 잘라 대답하였습니다. 바로 그날의 일입니다. 그는 강의를 마친 후에 강단에서 내려와 정말로 돌아가셨습니다. 가는 때를 미리 알고, 정말 소탈하게 자재하게 돌아가셨습니다! 이는 타이베이시에서 제가 직접 눈으로 본 것입니다.

정토참법 의규
淨土懺法 儀規

정토참법 의규 (1)

1

拜懺須具儀與觀	배참시 반드시 의규와 관수를 갖추어야
或能清淨身口意	혹 신업 구업 의업을 청정히 할 수 있고
能觀隨文通其義	글에 따라 관하여 그 뜻을 통할 수 있어
所觀真實隨心起	관한 바가 진실로 마음을 따라 일어난다

2

懺軌觀修殊勝行	참법궤범과 관수의 수승한 행
止觀成就前方便	지관으로 전 방편을 성취하여
若能導歸極樂邦	만약 극락정토에 돌아갈 수 있다면
上品往生速成佛	상품왕생하여 속히 성불하리이다

3

拜懺從來誤解多	종래 배참을 잘못 이해함이 많았지만
儀軌皆是祖師作	의규와 궤범 모두 조사께서 지으셨으니
若能探究其義理	만약 그 의리를 탐구할 수 있다면
一拜能滅河沙罪	절 한번에도 항하사 죄를 멸할 수 있다네

정구업진언 (구업을 청정케 하는 진언)
淨口業眞言

「수리수리 마하수리 수수리 사바하」 (3편)

오방내외안위제신진언 (오방내외 신중을 편안하게 모시는 진언)

「나무 사만다 못다남 옴 도로도로 지미 사바하」(3편)

개경게 (경전을 펴는 게송)
開經偈

무상심심미묘법 위없이~ 심히 깊은 미묘한 법을
無上甚深微妙法

백천만겁난조우 백천 만겁 지난들~ 어찌 만나리
百千萬劫難遭遇

아금문견득수지 제가이제 보고 듣고 받아지니니
我今聞見得受持

원해여래진실의 부처님의 진실한 뜻 알아지이다.
願解如來眞實義

개법장진언 (법장을 여는 진언)
開法藏眞言

「옴 아라남 아라다」 (3편)

향찬
香讚

간절한 마음으로 불보살님께 향을 공양하며 찬탄합니다.

노향사설 법계몽훈
爐香乍爇 法界蒙熏

향로에 향을 사루니 법계에 향기가 진동하고

제불해회실요문 수처결상운
諸佛海會悉遙聞 隨處結祥雲

부처님회상에 두루 퍼져서 가는 곳마다 상서구름 일어

성의방은 제불현전신
誠意方殷 諸佛現全身

저희 정성 지극하오니 부처님 강림하옵소서.

나무향운개보살마하살 (3 칭)
南無香雲蓋菩薩摩訶薩

향으로 구름일산 맺어 제불해회에 공양합니다.

나무아미타불 (3 칭)
南無阿彌陀佛

정토참 본존이신 아미타부처님께 정례합니다.

일심정례 시방상주삼보
一心頂禮 十方常住三寶

(보현행원 위신력 가지로) **시방세계 상주하는 삼보님께 한 마음으로 정례합니다.**

시제중등 각각호궤 엄지향화 여법공양
是諸衆等 各各胡跪 嚴持香花 如法供養

저희 대중들 호궤하옵고, 향과 꽃 받들어 여법하게 공양합니다.

원차향화운 변만시방계 일일제불토
願此香花雲 遍滿十方界 一一諸佛土

바라옵건대 꽃과 향기 구름 시방세계 두루 가득하여 제불국토 하나하나 공양하옵고

무량향장엄 구족보살도 성취여래향
無量香莊嚴 具足菩薩道 成就如來香

무량한 향 장엄하고 일체 보살도를 섭지해 갖추어 여래의 오분법신향(계향戒香 · 정향定香 · 혜향慧香 · 해탈향解脫香 · 해탈지견향解脫知見香) **성취하여지이다.**

(의식 집전자)

아차향화변시방 이위미묘광명대
我此香花遍十方 以爲微妙光明台

제가 올린 향화 시방세계에 퍼져 미묘한 색진

광명대 법좌 되옵고,

제천음악 천보향 제천희선 천보의
諸天音樂 天寶香 諸天肴膳 天寶衣

천상 음악의 성진과 천상 보배향의 향진 되옵고, 천상 요리의 미진과 천상 보배옷의 촉진 되옵고,

불가사의묘법진 일일진출일체진
不可思議妙法塵 一一塵出一切塵

불가사의 미묘한 법진(마음에 새겨진 인상) **되옵고, 하나하나 진**(색진 내지 촉진)**이 변해서 일체 진**(색진 · 성진 · 향진 · 미진 · 촉진)**이 나타나고**

일일진출일체법 선전무애호장엄
一一塵出一切法 旋轉無礙互莊嚴

하나하나 진이 변해서 일체 법이 나타나며, 감돌면서 걸림없이 번갈아 장엄하옵나니

변지시방삼보전 시방법계삼보전
遍至十方三寶前 十方法界三寶前

(보현행원력으로) **시방법계 삼보 전에 두루 이르고 시방법계 삼보님 계신 곳마다**

실유아신수공양 일일개실변법계
悉有我身修供養 一一皆悉遍法界

모두 저의 몸 공양 널리 닦아, 저의 몸 하나하나 허공법계에 두루 가득할지라도

피피무잡무장애 진미래제작불사
彼彼無雜無障礙 盡未來際作佛事

(공간상으로) **서로 뒤섞임도 없고 장애도 없으며** (시간상으로) **오는 세상 다하도록 불사를 지어서**

보훈법계제중생 몽훈개발보리심
普薰法界諸衆生 蒙薰皆發菩提心

(아래로) **온 법계의 중생들에게 두루 풍겨, 향기 맡은 중생들 보리심 발하여서**

동입무생증불지
同入無生證佛智

모두 함께 (불법을 닦아서) **무생법인의 부처님 지혜 얻어지이다.**

공양이일체공경
供養已一切恭敬

제불보살해회를 향해 광대한 공양 마치옵고, 일체 제불보살님의 덕능을 찬탄공경하옵니다.

(모두 함께)

여래묘색신 세간무여등 무비부사의 시고금정례
如來妙色身 世間無與等 無比不思議 是故今頂禮

여래의 미묘한 색신, 세간에 짝할 이 없고 견줄 수 없이 부사의한 까닭에 지금 정례하옵니다.

여래색무진 지혜역부연 일체법상주 시고아귀의
如來色無盡 智慧亦復然 一切法常住 是故我歸依

여래의 응화신 다함없고 (보신의) 지혜 또한 다함없으며 법신이 상주하는 까닭에 저는 귀의합니다.

대지대원력 보도어중생 영사열뇌신 생피청량국
大智大願力 普度於衆生 令舍熱惱身 生彼淸凉國

큰 지혜와 큰 원력으로 중생 널리 제도하길, 뜨거운 번뇌몸 버리고 저 청량국토에 왕생케 하나이다.

아금정삼업 귀의급예찬 원공제중생 동생안락찰
我今淨三業 歸依及禮讚 願共諸衆生 同生安樂刹

제가 이제 청정삼업 닦아 귀의하고 예찬하오니, 바라옵건대 모든 중생 함께 안락찰토 왕생하여지이다.

일심정례굉양정락토 석가여래 천백억화신 변법계제불
一心頂禮宏揚淨樂土 釋迦如來 千百億化身 遍法界諸佛
(3칭)

극락정토를 널리 선양하시는 석가모니여래, 천백억 화신을 시현하시며 법계에 두루 하신 일체제불께 한마음으로 정례하나이다.

일심정례상적광정토 아미타여래 청정묘법신 변법계제불
一心頂禮常寂光淨土 阿彌陀如來 淸淨妙法身 遍法界諸佛

(부처님께서 증득하신 이치와 지혜로 인연하시는 이치와 수용하시는 경계인)
상적광정토의 아미타부처님, 청정 미묘한 법신을 시현하시며 법계에 두루 하신 일체제불께 한마음으로 정례하나이다.

일심정례실보장엄토 아미타여래 미진상해신 변법계제불
一心頂禮實報莊嚴土 阿彌陀如來 微塵相海身 遍法界諸佛

(일분무명 깨뜨린 법신대사께서 거하시는) 실보장엄토의 아미타부처님, 미진수의 원만한 상호 갖춘 몸을 시현하시며 법계에 두루 하신 일체제불께 한마음으로 정례하나이다.

일심정례방편성거토 아미타여래 해탈상엄신 변법계제불
一心頂禮方便聖居土 阿彌陀如來 解脫相嚴身 遍法界諸佛

(아라한과 벽지불이 거하시는) 방편성거토의 아미타부처님, 해탈상의 장엄한 몸을 시현하시며 법계에 두루 하신 일체제불께 한마음으로 정례하나이다.

일심정례서방안락토 아미타여래 대승근계신 변법계제불
一心頂禮西方安樂土 阿彌陀如來 大乘根界身 遍法界諸佛

(성인과 범부가 항상 만나는) 서방안락토의 아미타부처님, 대승의 근으로 범부세계에 몸을 시현하시며 법계에 두루 하신 일체제불께 한마음으로 정례하나이다.

일심정례서방안락토 아미타여래 시방화왕신 변법계제불
一心頂禮西方安樂土 阿彌陀如來 十方化往身 遍法界諸佛

(성인과 범부가 항상 만나는) 서방 안락정토의 아미타부처님, 시방세계에 중생을 접인하기 위해 몸을 시현하시며 법계에 두루 하신 일체제불께 한마음으로 정례하나이다.

일심정례삼십육만억 일십일만구천오백동명 아미타불
一心頂禮三十六萬億 一十一萬九千五百同名 阿彌陀佛
(3칭)

(동시에 공업을 짓고, 동시에 중생을 이롭게 하며, 특별히 왕생의 장애를 제거하여 왕생하도록 돕는) 36만억 11만9천5백 이름이 같은 아미타부처님께 한마음으로 정례하나이다.

일심정례육방제불 아촉비불 일월등불 무량수불 염견불 사자불 범음불등 변법계제불
一心頂禮六方諸佛 阿閦鞞佛 日月燈佛 無量壽佛 焰肩佛 獅子佛 梵音佛等 遍法界諸佛

(서방정토를 찬탄하는) 육방제불인 (온갖 세상인연에 흔들리지 않는) 아촉비불 · (보리심을 성취한) 일월등불 · 무량수불 · (지혜의 불꽃으로 중생의 번뇌를 태우고 짊어지는) 염견불 · (천마외도가 설법을 듣고 간담이 서늘한) 사자불 · (청정한 덕행이 드러나는) 범음불 등 법계에 두루 하신 일체제불께 한마음으로 정례하나이다.

일심정례서방안락주 아미타여래 시방삼세일체제불
一心頂禮西方安樂主 阿彌陀如來 十方三世一切諸佛

서방안락 정토의 주인이시고 시방삼세 일체제불과 (그들의 환희 가피를 대표하는) 아미타여래 부처님께 한마음으로 정례하나이다.

일심정례극락대승 사십팔원 무량수경 급피정토소유일체법보
一心頂禮極樂大乘 四十八願 無量壽經 及彼淨土所有一切法寶

극락대승, 사십팔원 무량수경 및 정토의 모든 일체 법보(색 · 성 · 향 · 미 · 촉 오진법보)에 한마음으로 정례하나이다.

일심정례발일체업장근본득생정토다라니 (3칭)
一心頂禮拔一切業障根本得生淨土陀羅尼

(아미타부처님의 본원 · 신통 · 지혜 · 덕능의 근본다라니이자) 일체업장의 근본을 뽑아내고 정토에 왕생하게 하는 다라니에 한마음으로 정례하나이다.

일심정례서방안락토 관세음보살 만억자금신 변법계보살마하살
一心頂禮西方安樂土 觀世音菩薩 萬億紫金身 遍法界菩薩摩訶薩

서방 안락정토의 관세음보살, 만억 자마진금 빛깔의 몸을 시현하시며, 법계에 두루 하신 보살마하살께 한마음으로 정례하나이다.

일심정례서방안락토 대세지보살 무변광치신 변법계보
一心頂禮西方安樂土 大勢至菩薩 無邊光熾身 遍法界菩
살마하살
薩摩訶薩

서방 안락정토의 대세지보살, 가없는 광명 찬란한 몸을 시현하시며 법계에 두루 하신 보살마하살께 한마음으로 정례하나이다.

일심정례서방안락토 문수보살 대지시현신 변법계보살
一心頂禮西方安樂土 文殊菩薩 大智示現身 遍法界菩薩
마하살
摩訶薩

서방 안락정토의 문수보살, 대지혜의 몸으로 시현하시며 법계에 두루 하신 보살마하살께 한마음으로 정례하나이다.

일심정례서방안락토 보현보살 행원찰진신 변법계보살
一心頂禮西方安樂土 普賢菩薩 行願刹塵身 遍法界菩薩
마하살
摩訶薩

서방 안락정토의 보현보살, 대원대행으로 미진찰토에 몸을 시현하시며 법계에 두루 하신 보살마하살께 한마음으로 정례하나이다.

일심정례서방안락토 청정대해중 만분이엄신 변법계성중
一心頂禮西方安樂土 淸淨大海衆 滿分二嚴身 遍法界聖衆

서방 안락정토의 청정대해중, 부처님의 증량證量인 복덕과 지혜로 장엄한 몸을 시현하시며 법계에 두루 하신 보살마하살께 한마음으로 정례하나이다.

일심정례서방안락토 칠보지중 구품연대 일체제불보살
一心頂禮西方安樂土 七寶池中 九品蓮台 一切諸佛菩薩
마하살
摩訶薩

서방 안락정토에서 칠보연못 가운데 구품연대에 화생하시는 일체제불보살마하살께 한마음으로 정례하나이다.

일심정례대지사리불 무량무수연각성문 일체현성승
一心頂禮大智舍利弗 無量無數緣覺聲聞 一切賢聖僧

(정토법회의 당기자이신) 지혜제일 사리불존자와 무량무수 연각 성문과 일체 현성의 승가에게 한마음으로 정례하나이다.

일심정례굉양정토 마명대사 흥숭교법 용수대사
一心頂禮宏揚淨土 馬鳴大師 興崇敎法 龍樹大師

(대승기신론을 지어) 정토를 널리 선양하신 마명대사와 (대주비바사론을 지어) 교법을 일으키고 높인 용수대사께 한마음으로 정례하나이다.

일심정례창시연사 혜원법사 정토참주 자운대사
一心頂禮倡始蓮社 慧遠法師 淨土懺主 慈雲大師

연사를 제창하고 시작하여 (정토종 초조가 되신) 혜원법사와 (정토참법 의규를 지으신) 정토참주 자운대사께 한마음으로 정례하나이다.

경운 약칭아명 필생아국 약불이자 서불성불
經云 若稱我名 必生我國 若不爾者 誓不成佛

《무량수경》에 이르길, 만약 제 이름을 부르면 반드시 저의 나라에 태어나도록 하겠나이다. 만약 그렇지 못하면 성불하지 않겠나이다.

약제중생 원생극락 성취묘엄 위덕자재 선당종아 발여시원
若諸衆生 願生極樂 成就妙嚴 威德自在 先當從我 發如是願

만약 모든 중생이 극락에 태어나길 발원하면 묘엄을 성취하고, 위덕이 자재하며, 먼저 나를 따라 이와 같은 원을 발할지라.

나무대자미타불 원아속단탐진치
南無大慈彌陀佛 願我速斷貪嗔痴

나무대자미타불 원아영리삼악도
南無大慈彌陀佛 願我永離三惡道

(서방정토의 본존이신) 대자대비 아미타부처님께 귀의하옵고, (탐은 아귀도에 감응하고 진은 지옥도에 감응하며 치는 축생도에 감응하므로) 저는 탐·진·치를 속히 끊어 (아귀·지옥·축생) 삼악도를 영원히 벗어나겠다고 발원합니다.

나무대자미타불 원아상문불법승
南無大慈彌陀佛 願我常聞佛法僧

나무대자미타불 원아근수계정혜
南無大慈彌陀佛 願我勤修戒定慧

(서방정토의 본존이신) 대자대비 아미타부처님께 귀의하옵고, (부처님을 듣는 함의는 발원의 경계이고. 법을 듣는 함의는 수행의 경계로 삼으며 승을 듣는 함의는 수행의 조반助伴으로 삼는 것이다. 불보는 법성을 직접 증득한 사람이고, 승보는 법성에 수순하는 사람이며, 법보는 계·정·혜를 수학하는 것이므로) 저는 불·법·승을 항상 듣고, 계·정·혜를 부지런히 닦겠다고 발원합니다.

나무대자미타불 원아항수제불학
南無大慈彌陀佛 願我恒隨諸佛學

나무대자미타불 원아원만보리심
南無大慈彌陀佛 願我圓滿菩提心

나무대자미타불 원아속회극락국
南無大慈彌陀佛 願我速會極樂國

(서방정토의 본존이신) 대자대비 아미타부처님께 귀의하옵고, (「상문불법

승常聞佛法僧」은 교教이고, 「근수계정혜勤修戒定慧」는 증證이다. 불법은 교와 증을 체로 삼고, 수학의 공덕을 회향하여야 한다) 저는 항상 모든 불학을 따라 행하고, (인因을 돌려서 과果로 향함) 보리심을 원만히 갖추며, (자自를 돌려서 타他로 향함) (극락국토는 아미타부처님의 청정심을 드러낸 것이므로) 극락국토에 속히 모이겠다고 발원하나이다. (사事를 돌려서 리理로 향함)

나무대자미타불 원아조동법성신
南無大慈彌陀佛 願我早同法性身

(불학의 목적은 성불이어야 하므로) 저는 법성신을 체득하겠다고 발원하나이다. (법성신은 곧 성불임) (이상으로 자리自利를 성취하고, 이어서 이타利他를 성취한다)

나무대자미타불 원아분신변진찰
南無大慈彌陀佛 願我分身遍塵刹

나무대자미타불 원아광도제중생
南無大慈彌陀佛 願我廣度諸衆生

(서방정토의 본존이신) 대자대비 아미타부처님께 귀의하옵고, (불찰토는 미세한 티끌처럼 매우 많아 저의 몸이 많이 나타나야 중생을 제도하므로) 저는 미진찰토에 분신하여 모든 중생을 널리 제도하겠다고 발원하나이다.

나무아미타불 (10칭)
南無阿彌陀佛

나무관세음보살 (10칭)
南無觀世音菩薩

나무대세지보살 (10칭)
南無大勢至菩薩

아미타부처님께 귀의하고 관세음보살께서 귀의하며 대세지보살에 귀의합니다. (서방 삼보를 대표하는 서방삼성에 귀의하여 정토법을 들어간다. 정토법을 들어가 서방극락세계에 태어나길 구할 수 있다.)

경운 약유비구비구니 선남자선여인 문시경수지자 급문제불명자 시제비
經云 若有比丘比丘尼 善男子善女人 聞是經受持者 及聞諸佛名者 是諸比
구비구니 선남자선여인 개위일체제불지소호념 개득불퇴전어아뇩다라삼
丘比丘尼 善男子善女人 皆爲一切諸佛之所護念 皆得不退轉於阿耨多羅三
막삼보리
藐三菩提

《아미타경》에 이르길, 만약 어떤 비구·비구니와 선남자·선여인이 이 경을 듣고 수지하며 제불의 명호를 듣는다면 이 모든 비구·비구니와 선남자·선여인은 모두 일체제불의 호념을 받아 아뇩다라삼먁삼보리에서 물러나지 않을 것이니라.

시고금일 지심수지 원수호념 성취보리 원득왕생 극락국토
是故今日 至心受持 願垂護念 成就菩提 願得往生 極樂國土

이런 까닭에 지극한 마음으로 미타법문을 수지하오니, (아미타부처님과 육방제불께서) **호념을 드리우시어 바라옵건대 보리를 성취하고, 극락국토에 왕생하여지이다.**

정토참법 의규 (2)

1

往生所依勝經典	왕생에 수승한 소의경전은
五經當中彌陀經	정토오경 가운데 아미타경이라
懺法四力對治力	참법으로 사력을 닦아 일체죄업 대치하면
能令三昧速成就	삼매를 속히 성취할 수 있네

* 사력四力 : 과거에 지은 악업이 현행하는 힘에 대해 불전에서 참회하여 깨뜨려 없애거나 선행을 널리 쌓아 대치한다. 과거에 지은 악업을 다시 저지르지 않거나 불보살의 가지력에 의지하여 자신의 죄업이 청정해지길 구한다.

2

彌陀莊嚴淸淨土	아미타부처님 장엄하신 청정찰토를
六方諸佛咸護念	육방제불께서 모두 호념하시니
只緣上善聚一處	단지 상선인과 한곳에 모인 인연만으로
不退直至補處位	불퇴전지에 올라 곧장 일생보처위에 이르네

3

業力甚大障聖道	업력은 성도에 심대한 장애이므로
依懺觀修入法海	참관수에 의지해 법의 바다에 들어갈지니
若能進入極樂邦	만약 극락국토에 들어갈 수 있다면
飽餐甘露妙法味	감로의 미묘한 법미를 배부르게 먹으리

나무연지해회불보살 (3칭)
南 無 蓮 池 海 會 佛 菩 菩

불설아미타경
佛 說 阿 彌 陀 經

여시아문 일시 불재사위국 기수급고독원
如是我聞 一時 佛在舍衛國 祇樹給孤獨園

이와 같이 나는 들었다. 한때에 부처님께서 사위국 괴로운이 돕는 절에서 큰 비구승 천 이백 오십인과 함께 계셨는데,

여대비구승 천이백오십인구 개시대아라한 중소지식 장로사리불 마
與大比丘僧 千二百五十人俱 皆是大阿羅漢 衆所知識 長老舍利弗 摩
하목건련 마하가섭 마하가전연 마하구치라 리바다 주리반타가 난
訶目犍連 摩訶迦葉 摩訶迦旃延 摩訶俱絺羅 離婆多 周利槃陀伽 難
타 아난타 라후라 교범바제 빈두로파라타 가루타이 마하겁빈나
陀 阿難陀 羅侯羅 憍梵波提 賓頭盧頗羅墮 迦留陀夷 摩訶劫賓那
바구라 아누루타 여시등제대제자
薄拘羅 阿㝹樓馱 如是等諸大弟子

그들은 모두 덕이 높은 큰 아라한으로 여러 사람들이 잘 아는 이들이었는데, 장로 사리불, 마하목건련, 마하가섭, 마하가전연, 마하구치라, 리바

다, 주리반타가, 난타, 아난다, 라후라, 교범바제, 빈두로파라타, 가루타이, 마하겁빈나, 박구라, 아누루타와 같은 큰 제자들이었다.

병제보살마하살 문수사리법왕자 아일다보살 건타하제보살 상정진
并諸菩薩摩訶薩 文殊師利法王子 阿逸多菩薩 乾陀訶提菩薩 常精進

보살 여여시등제대보살 급석제환인등 무량제천대중구
菩薩 與如是等諸大菩薩 及釋提桓因等 無量諸天大衆俱

또 법의 왕자인 문수사리를 비롯하여 아일다보살, 건타하제보살, 상정진보살 등 이와 같은 큰 보살들과 석제환인 등 한량없는 모든 하늘 대중들이 함께 있었다.

이시 불고장로사리불
爾時 佛告長老舍利弗

그때에 부처님께서 장로 사리불에게 이르사대

종시서방 과십만억불토 유세계명왈극락 기토유불 호아미타 금현재
從是西方 過十萬億佛土 有世界名曰極樂 其土有佛 號阿彌陀 今現在

설법
說法

여기에서 서쪽으로 십만억 불토를 지나가면 『극락』

이라는 세계가 있는데 그 세계에 계신 부처님 이름은 『아미타불』이시며, 지금도 설법을 하고 계시느니라.

사리불 피토하고명위극락 기국중생 무유중고 단수제락 고명극락
舍利弗 彼土何故名爲極樂 其國衆生 無有衆苦 但受諸樂 故名極樂

사리불아, 저 세계를 왜 『극락』이라 하겠느냐? 그 세계의 중생들은 아무런 고통도 없고 즐거움만 있으므로 극락이라 하느니라.

우사리불 극락국토 칠중난순 칠중나망 칠중항수 개시사보주잡위요
又舍利弗 極樂國土 七重欄楯 七重羅網 七重行樹 皆是四寶周匝圍繞
시고피국명위극락
是故彼國名爲極樂

그리고 극락세계에는 난간이 일곱 겹이며 보배 그물이 일곱 겹이며 줄지어 선 나무가 일곱 겹인데 금·은·청옥·수정의 네 가지 보석으로 눈부시게 장식되어 있으므로 극락세계라 하느니라.

우사리불 극락국토 유칠보지 팔공덕수 충만기중 지저 순이금사포
又舍利弗 極樂國土 有七寶池 八功德水 充滿其中 池底 純以金沙布
지 사변계도 금 은 유리 파려 합성 상유누각 역이금 은 유리
地 四邊階道 金 銀 琉璃 玻璃 合成 上有樓閣 亦以金 銀 琉璃

파려 자거 적주 마노 이엄식지 지중연화 대여거륜 청색청광 황색황
玻璃 硨磲 赤珠 瑪瑙 而嚴飾之 池中蓮花 大如車輪 青色青光 黃色黃
광 적색적광 백색백광 미묘향결 사리불 극락국토 성취여시공덕장
光 赤色赤光 白色白光 微妙香潔 舍利弗 極樂國土 成就如是功德莊
엄
嚴

사리불아, 또 극락세계에는 칠보로 된 연못이 있고, 그 연못에는 여덟 가지 공덕이 있는 물로 가득 찼으며, 연못 바닥에는 순금모래가 깔리고 그 둘레에는 길이 있는데 금 · 은 · 유리 · 청옥으로 되어 있고 그 위에 누각이 있는데 또한 금 · 은 · 청옥 · 수정 · 붉은 진주 · 마노 · 호박 등으로 찬란하고 질서 있게 꾸며져 있다.

그리고 연못 가운데 연꽃이 있는데 수레바퀴처럼 큰 것이 푸른 색깔에는 푸른 광채가 나고, 누런 색깔에는 누런 광채가 나며, 붉은 색깔에는 붉은 광채가 나고, 흰 색깔에는 흰 광채가 나서 미묘하고 향기롭고 깨끗하다.

사리불아, 극락세계는 이러한 공덕장엄으로 이루어졌느니라.

우사리불 피불국토 상작천악 황금위지 주야육시 우천만다라화 기
又舍利弗 彼佛國土 常作天樂 黃金爲地 晝夜六時 雨天曼陀羅華 其
토중생 상이청단 각이의극 성중묘화 공양타방십만억불 즉이식시
土衆生 常以淸旦 各以衣祴 盛衆妙華 供養他方十萬億佛 卽以食時
환도본국 반사경행 사리불 극락국토 성취여시공덕장엄
還到本國 飯食經行 舍利弗 極樂國土 成就如是功德莊嚴

사리불아, 또 저 부처님 세계에는 항상 하늘 음악이 연주되고 황금으로 땅이 되고 밤낮 육시에 하늘에서 만다라 꽃비가 내려오는데, 그 나라 중생들은 새벽마다 바구니에 여러 가지 아름다운 꽃을 담아가지고 다른 세계로 다니면서 십 만억 부처님께 공양하고, 아침때가 되면 본국으로 돌아와서 식사하고 산책하느니라.
사리불아, 극락세계는 이러한 공덕장엄으로 이루어졌느니라.

부차사리불 피국상유종종기묘잡색지조 백학 공작 앵무 사리 가릉
復次舍利弗 彼國常有種種奇妙雜色之鳥 白鶴 孔雀 鸚鵡 舍利 迦陵
빈가 공명지조 시제중조 주야육시 출화아음 기음연창오근 오력
頻伽 共命之鳥 是諸衆鳥 晝夜六時 出和雅音 其音演暢五根 五力
칠보리분 팔성도분 여시등법 기토중생 문시음이 개실염불염법염승
七菩提分 八聖道分 如是等法 其土衆生 聞是音已 皆悉念佛念法念僧
사리불 여물위차조 실시죄보소생 소이자하 피불국토 무삼악도 사
舍利弗 汝勿謂此鳥 實是罪報所生 所以者何 彼佛國土 無三惡道 舍
리불 기불국토 상무악도지명 하황유실 시제중조 개시아미타불 욕
利弗 其佛國土 尙無惡道之名 何況有實 是諸衆鳥 皆是阿彌陀佛 欲

령법음선류 변화소작
令法音宣流 變化所作

사리불아, 또 저 세계에는 항상 기묘하고 여러 빛깔을 갖춘 백학, 공작, 앵무, 사리, 가릉빈가, 공명의 새들이 밤낮 육시에 화평하고 맑은 소리를 내는데 그 소리는 오근, 오력, 칠보리분, 팔성도분 이러한 법을 설하는 것 같아서 그 나라 중생들이 이 소리를 듣고는 다 부처님을 생각하고 법문을 생각하고 스님네를 생각하느니라.

사리불아, 너는 이런 새들이 정말 죄업으로 생긴 것이라고 말하진 말아라. 무슨 까닭이냐 하면 저 부처님 세계에는 지옥 · 아귀 · 축생 등 삼악도가 없기 때문이니라.

사리불아, 그 부처님 국토에는 『삼악도』라는 이름조차 없는데, 어찌 그런 사실이 있겠느냐? 이와 같은 새들은 모두 아미타불께서 법문을 펴기 위하여 화현으로 만든 것이니라.

사리불 피불국토 미풍취동제보항수 급보나망 출미묘음 비여백천종
舍利弗 彼佛國土 微風吹動諸寶行樹 及寶羅網 出微妙音 譬如百千種

악 동시구작 문시음자 자연개생염불염법염승지심 사리불 기불국토
樂 同時俱作 聞是音者 自然皆生念佛念法念僧之心 舍利弗 其佛國土

성취여시공덕장엄
成就如是功德莊嚴

사리불아, 저 부처님 국토에는 가벼운 바람이 불면 보배 나무와 보배 그물에서 미묘한 소리가 나는 것이 마치 백천 가지의 아름다운 음율이 한꺼번에 들리는 듯하여 이 소리를 듣는 이는 스스로 부처님을 생각하고 법문을 생각하고 스님네를 생각할 마음이 우러나느니라.
사리불아, 저 부처님 국토는 이러한 공덕장엄으로 이루어졌느니라.

사리불 어여의운하 피불하고호아미타 사리불 피불광명무량 조시방
舍利弗 於汝意云何 彼佛何故號阿彌陀 舍利弗 彼佛光明無量 照十方

국 무소장애 시고호위아미타 우사리불 피불수명 급기인민 무량무
國 無所障礙 是故號爲阿彌陀 又舍利弗 彼佛壽命 及其人民 無量無

변아승기겁 고명아미타 사리불 아미타불 성불이래 어금십겁
邊阿僧祇劫 故名阿彌陀 舍利弗 阿彌陀佛 成佛已來 於今十劫

사리불아, 너는 어떻게 여기느냐? 저 부처님을 어째서 『아미타불』이라 하겠느냐?
사리불아, 저 부처님의 광명이 한량없어 시방세계를 두루 비추어도 조금도 걸림이 없으므로 아미타불

이라 하느니라.
사리불아, 또 저 부처님의 목숨과 그 나라 백성들 목숨이 한량없고 끝이 없는 아승지겁이므로 아미타불이라 하느니라.
사리불아, 아미타불이 부처가 된 지는 벌써 열 겁이나 되었느니라.

우사리불 피불유무량무변성문제자 개아라한 비시산수지소능지 제
又舍利弗 彼佛有無量無邊聲聞弟子 皆阿羅漢 非是算數之所能知 諸
보살중 역부여시 사리불 피불국토 성취여시공덕장엄
菩薩衆 亦復如是 舍利弗 彼佛國土 成就如是功德莊嚴

사리불아, 또 저 부처님에게는 한량없이 많은 성문제자들이 있는데 모두 아라한들이니라.
어떠한 수학으로도 그 수효를 헤어릴 수 없으며 보살 대중들도 또한 그러하니라.
사리불아, 저 부처님 국토에는 이러한 공덕장엄으로 이루어졌느니라.

우사리불 극락국토 중생생자 개시아비발치 기중다유일생보처 기수
又舍利弗 極樂國土 衆生生者 皆是阿鞞跋致 其中多有一生補處 其數
심다 비시산수소능지지 단가이무량무변아승기설 사리불 중생문자
甚多 非是算數所能知之 但可以無量無邊阿僧祇說 舍利弗 衆生聞者

응당발원 원생피국 소이자하 득여여시제상선인 구회일처
應當發願 願生彼國 所以者何 得與如是諸上善人 俱會一處

사리불아, 또 극락세계에 태어나는 중생들은 모두 물러나지 않는 자리에 있는 이들이며, 그 가운데는 일생보처에 오른 보살들이 수없이 많아서 숫자와 비유로도 헤아릴 수 없고 다만 한량없고 가이없는 아승지로 표현 할 뿐이니라.
사리불아, 이 말을 들은 중생들은 마땅히 서원을 세워 저 세계에 가서 태어나기를 원해야 할 것이다. 왜냐하면 거기에 가서 태어나기만 하면 이렇게 으뜸가는 착한 사람들과 한데 모여 살 수 있는 까닭이니라.

사리불 불가이소선근복덕인연 득생피국 사리불 약유선남자 선여인
舍利弗 不可以少善根福德因緣 得生彼國 舍利弗 若有善男子 善女人
문설아미타불 집지명호 약일일 약이일 약삼일 약사일 약오일 약육
聞說阿彌陀佛 執持名號 若一日 若二日 若三日 若四日 若五日 若六
일 약칠일 일심불란 기인임명종시 아미타불 여제성중 현재기전
日 若七日 一心不亂 其人臨命終時 阿彌陀佛 與諸聖衆 現在其前
시인종시 심불전도 즉득왕생아미타불극락국토
是人終時 心不顚倒 卽得往生阿彌陀佛極樂國土

사리불아, 조그마한 선근(좋은 일)이나 복덕의 인연으로는 저 세계에 가서 태어날 수 없느니라.

사리불아, 선남자 선여인이 아미타불에 대한 이야기를 듣고 하루나, 이틀, 혹 사흘, 나흘, 닷새, 엿새, 이레 동안 한결같은 마음으로 아미타불의 이름을 외워 부르되 조금도 마음이 흐트러지지 않으면 그가 임종할 때에 아미타불이 여러 거룩한 분들과 함께 그 사람 앞에 나타날 것이니 그가 목숨을 마칠 때에 마음이 뒤바뀌지 아니하고 곧 아미타불의 극락세계에 왕생하게 될 것이니라.

사리불 아견시리 고설차언 약유중생 문시설자 응당발원 생피국토
舍利弗 我見是利 故說此言 若有衆生 聞是說者 應當發願 生彼國土

사리불아, 나는 이러한 이로움이 있는 줄 알기에 이런 말을 하는 것이니 어떤 중생이든지 이 말을 들으면 마땅히 저 세계에 가서 태어나기를 발원해야 하느니라.

사리불 여아금자 찬탄아미타불불가사의공덕지리 동방역유아촉비불
舍利弗 如我今者 讚歎阿彌陀佛不可思議功德之利 東方亦有阿閦鞞佛

수미상불 대수미불 수미광불 묘음불 여시등항하사수제불 각어기국
須彌相佛 大須彌佛 須彌光佛 妙音佛 如是等恒河沙數諸佛 各於其國

출광장설상 변부삼천대천세계 설성실언 여등중생 당신시칭찬불가
出廣長舌相 遍覆三千大千世界 說誠實言 汝等衆生 當信是稱讚不可

사의공덕일체제불소호념경
思議功德一切諸佛所護念經

사리불아, 내가 지금 아미타불의 한량없는 공덕을 칭찬한 것처럼 동방세계에도 아촉비불, 수미상불, 대수미불, 수미광불, 묘음불 등 항하사 수의 모든 부처님들이 각기 그 세계에서 삼천대천 세계에 두루 미치도록 진실한 말씀으로 이르시기를 『너희 중생들은 〈불가사의한 공덕의 칭찬〉 〈모든 부처님이 한결같이 보호함〉이라고 하는 이 경을 믿으라』 하시느니라.

사리불 남방세계 유일월등불 명문광불 대염견불 수미등불 무량정
舍利弗 南方世界 有日月燈佛 名聞光佛 大焰肩佛 須彌燈佛 無量精

진불 여시등항하사수제불 각어기국 출광장설상 변부삼천대천세계
進佛 如是等恒河沙數諸佛 各於其國 出廣長舌相 遍覆三千大千世界

설성실언 여등중생 당신시칭찬불가사의공덕일체제불소호념경
說誠實言 汝等衆生 當信是稱讚不可思議功德一切諸佛所護念經

사리불아, 남방세계에도 일월등불, 명문광불, 대염견불, 수미광불, 무량정진불 등 항하사 수의 모든 부처님들이 각기 그 세계에서 삼천대천세계에 두루 미치도록 진실한 말씀으로 이르시기를 『너희 중생들은 〈불가사의한 공덕의 칭찬〉 〈모든 부처님이 한결

같이 보호함〉이라고 하는 이 경을 믿으라』 하시느니라.

사리불 서방세계 유무량수불 무량상불 무량당불 대광불 대명불
舍利弗 西方世界 有無量壽佛 無量相佛 無量幢佛 大光佛 大明佛
보상불 정광불 여시등항하사수제불 각어기국 출광장설상 변부삼천
寶相佛 淨光佛 如是等恒河沙數諸佛 各於其國 出廣長舌相 遍覆三千
대천세계 설성실언 여등중생 당신시칭찬불가사의공덕일체제불소호
大千世界 說誠實言 汝等衆生 當信是稱讚不可思議功德一切諸佛所護
념경
念經

사리불아, 서방세계에도 무량수불, 무량상불, 무량당불, 대광불, 대명불, 보상불, 정광불 등 항하사수의 모든 부처님들이 각기 그 세계에서 삼천대천세계에 두루 미치도록 진실한 말씀으로 이르시기를 『너희 중생들은 〈불가사의한 공덕의 칭찬〉 〈모든 부처님이 한결같이 보호함〉이라고 하는 이 경을 믿으라』 하시느니라.

사리불 북방세계 유염견불 최승음불 난저불 일생불 망명불 여시등
舍利弗 北方世界 有焰肩佛 最勝音佛 難沮佛 日生佛 網明佛 如是等
항하사수제불 각어기국 출광장설상 변부삼천대천세계 설성실언 여
恒河沙數諸佛 各於其國 出廣長舌相 遍覆三千大千世界 說誠實言 汝

등중생 당신시칭찬불가사의공덕일체제불소호념경
等衆生 當信是稱讚不可思議功德一切諸佛所護念經

사리불아, 북방세계에도 염견불, 최승음불, 난저불, 일생불, 망명불 등 항하사 수의 모든 부처님들이 각기 그 세계에서 삼천대천세계에 두루 미치도록 진실한 말씀으로 이르시기를 『너희 중생들은 〈불가사의한 공덕의 칭찬〉 〈모든 부처님이 한결같이 보호함〉이라고 하는 이 경을 믿으라』 하시느니라.

사리불 하방세계 유사자불 명문불 명광불 달마불 법당불 지법불
舍利弗 下方世界 有師子佛 名聞佛 名光佛 達摩佛 法幢佛 持法佛
여시등항하사수제불 각어기국 출광장설상 변부삼천대천세계 설성
如是等恒河沙數諸佛 各於其國 出廣長舌相 遍覆三千大千世界 說誠
실언 여등중생 당신시칭찬불가사의공덕일체제불소호념경
實言 汝等衆生 當信是稱讚不可思議功德一切諸佛所護念經

사리불아, 하방세계에도 사자불, 명문불, 명광불, 달마불, 법당불, 지법불 등 항하사 수의 모든 부처님들이 각기 그 세계에서 삼천대천 세계에 두루 미치도록 진실한 말씀으로 이르시기를 『너희 중생들은 〈불가사의한 공덕의 칭찬〉 〈모든 부처님이 한결같이 보호함〉이라고 하는 이 경을 믿으라』 하시느니라.

사리불 상방세계 유범음불 수왕불 향상불 향광불 대염견불 잡색보
舍利弗 上方世界 有梵音佛 宿王佛 香上佛 香光佛 大焰肩佛 雜色寶
화엄신불 사라수왕불 보화덕불 견일체의불 여시등항하사수제불 각
華嚴身佛 娑羅樹王佛 寶華德佛 見一切義佛 如是等恒河沙數諸佛 各
어기국 출광장설상 변부삼천대천세계 설성실언 여등중생 당신시칭
於其國 出廣長舌相 遍覆三千大千世界 說誠實言 汝等衆生 當信是稱
찬불가사의공덕일체제불소호념경
讚不可思議功德一切諸佛所護念經

사리불아, 상방세계에도 범음불, 숙왕불, 향상불, 향광불, 대염견불, 잡색보화엄신불, 사라수왕불, 보화덕불, 견일체의불, 여수미산불 등 항하사 수의 모든 부처님들이 각기 그 세계에서 삼천대천 세계에 두루 미치도록 진실한 말씀으로 이르시기를 『너희 중생들은 〈불가사의한 공덕의 칭찬〉 〈모든 부처님이 한결같이 보호함〉이라고 하는 이 경을 믿으라』 하시느니라.

사리불 어여의운하 하고명위일체제불소호념경 사리불 약유선남자
舍利弗 於汝意云何 何故名爲一切諸佛所護念經 舍利弗 若有善男子
선여인 문시경수지자 급문제불명자 시제선남자 선여인 개위일체제
善女人 聞是經受持者 及聞諸佛名者 是諸善男子 善女人 皆爲一切諸
불지소호념 개득불퇴전어아뇩다라삼먁삼보리 시고사리불 여등개당
佛之所護念 皆得不退轉於阿耨多羅三藐三菩提 是故舍利弗 汝等皆當
신수아어 급제불소설
信受我語 及諸佛所說

사리불아, 너는 어떻게 생각하느냐? 어찌해서 『여러 부처님네가 보호하고 염려하시는 경』이라 하시겠느냐?
사리불아, 선남자 선여인들이 이 경 이름을 듣고 받아 지니거나 여러 부처님의 이름을 들은 이들은 모두 여러 부처님네가 함께 보호하고 염려하심이 되어서 최고 최상승의 깨달음에서 물러나지 아니하리니, 그러므로 너희들은 내 말과 여러 부처님의 말씀을 잘 믿을지니라.

사리불 약유인 이발원 금발원 당발원 욕생아미타불국자 시제인등
舍利弗 若有人 已發願 今發願 當發願 欲生阿彌陀佛國者 是諸人等

개득불퇴전어아뇩다라삼막삼보리 어피국토 약이생 약금생 약당생
皆得不退轉於阿耨多羅三藐三菩提 於彼國土 若已生 若今生 若當生

시고사리불 제선남자 선여인 약유신자 응당발원 생피국토
是故舍利弗 諸善男子 善女人 若有信者 應當發願 生彼國土

사리불아, 어떤 사람이 아미타불 세계에 태어나기를 이미 발원하였거나 지금 발원하거나, 혹은 장차 발원하는 이는 모든 최고 최상승의 깨달음에서 물러나지 아니하여 저 세계에 벌써 태어났거나 지금 태어나거나, 장차 태어날 것이니라.

사리불아, 그러므로 신심이 있는 선남자 선여인은 마땅히 극락세계에 태어나기를 발원해야 할 것이니라.

사리불 여아금자 칭찬제불불가사의공덕 피제불등역 칭찬아불가사
舍利弗 如我今者 稱讚諸佛不可思議功德 彼諸佛等亦 稱讚我不可思

의공덕 이작시언 석가모니불능 위심난희유지사 능어사바국토 오탁
議功德 而作是言 釋迦牟尼佛能 爲甚難希有之事 能於娑婆國土 五濁

악세 겁탁 견탁 번뇌탁 중생탁 명탁중 득아뇩다라삼막삼보리 위제
惡世 劫濁 見濁 煩惱濁 衆生濁 命濁中 得阿耨多羅三藐三菩提 爲諸

중생 설시일체세간난신지법
衆生 說是一切世間難信之法

사리불아, 내가 지금 여러 부처님의 불가사의한 공덕을 칭찬 하듯이, 저 부처님들도 또한『석가모니불이 어렵고 드물게 있는 일을 하여 저 사바세계의 겁이 흐리고, 소견이 흐리고, 번뇌가 흐리고, 중생이 흐리고, 생명이 흐린 오탁악세에서 최고 최상승의 깨달음을 얻고 중생들을 위하여 온갖 세상에서 믿기 어려운 법을 설한다』하시느니라.

사리불 당지아어오탁악세 행차난사 득아뇩다라삼막삼보리 위일체
舍利弗 當知我於五濁惡世 行此難事 得阿耨多羅三藐三菩提 爲一切

세간설차난신지법 시위심난
世間說此難信之法 是爲甚難

사리불아, 잘 알아라 내가 오탁악세에서 갖은 고행 끝에 최고 최상승의 깨달음을 얻고 여러 세상을 위하여 이 믿기 어려운 법을 설하는 것이 참으로 어려운 일이니라.

불설차경이 사리불 급제비구 일체세간천인아수라등 문불소설 환희
佛說此經已 舍利弗 及諸比丘 一切世間天人阿修羅等 聞佛所說 歡喜
신수 작례이거
信受 作禮而去

부처님께서 이 경을 말씀하여 마치시니 사리불과 여러 비구들과 온갖 세간의 하늘 사람과 아수라들도 부처님의 말씀을 듣고 즐거이 믿어 받아서 예배하고 물러 가니라.

불설아미타경 종
佛說阿彌陀經 終

발일체업장근본득생정토다라니
拔一切業障根本得生淨土陀羅尼

나무아미다바야 다타가다야 다지야타 아미리 도바
南無阿彌多婆夜 哆他伽多夜 哆地夜他 阿彌唎 都婆
비 아미리다 실담바비 아미리다 비가란제 아미리
毗 阿彌唎哆 悉眈婆毗 阿彌唎哆 毗迦蘭帝 阿彌唎
다 비가란다 가미니 가가나 지다가리 사바하
哆 毗迦蘭多 伽彌膩 伽伽那 枳多迦利 娑婆訶

(48번)

[해석]

아미타경은 곧 정토법문을 수학하는데 가장 중요한 의지처이다. 아미타경은 정토의 의보(依報 ; 극락) · 정보(正報 ; 아미타) · 설법說法의 장엄을 설명한 것이고, 의보 · 정보 · 설법 장엄의 핵심처는 48원으로 이는 아미타불의 본심本心 · 본서本誓 · 본원本願 · 본공덕력本功德力이다.
왕생주는 바로 아미타불의 본심 · 본서 · 본원 · 본공덕력의 비밀주祕密咒이다. 그래서 현설顯說은 아미타경이고 밀설密說은 왕생주이다. 왕생주는 여기서 48번 염하는데 이는 아미타부처님의 48원을 대표한다. 이를 지송한 공덕으로 일체중생이 닦은 정행淨行이 모두 다 성취된다.

(의식 집전자)

이차지송공덕 영일체중생 소수정행 실개성취 부념과거금생 여제유정
以此持誦功德 令一切衆生 所修淨行 悉皆成就 復念過去今生 與諸有情
무악불조 죄루이적 세세상전 약불참회 무유해탈 도업난성 고어금일
無惡不造 罪累既積 世世相纏 若不懺悔 無由解脫 道業難成 故於今日
공대피진 앙기홍은 애련섭수
恭對披陳 仰冀洪恩 哀憐攝受

이렇게 지송한 공덕으로 일체 중생이 닦은 정행이 모두 다 성취되어지이다. 다시 생각건대 과거 금생에 모든 유정들과 함께 악을 짓지 않은 적이 없고, 죄가 이미 누적되어 세세생생 서로 얽혀서 만약 참회하지 않으면 벗어날 수 없고 도업道業을 성취하기 어렵습니다. 그래서 오늘 사뢰어 숨김 없이 말하오니, 우러러 바라건대 넓은 은혜로 불쌍히 여겨 거두어주옵소서.

(의식 집전자)

아급중생 무시상위 삼업육근 중죄소장 불견제불 부지출요 단순생사
我及衆生 無始常爲 三業六根 重罪所障 不見諸佛 不知出要 但順生死
부지묘리 아금수지 유여중생 동위일체중죄소장 금대아미타불급시방불
不知妙理 我今雖知 猶與衆生 同爲一切重罪所障 今對阿彌陀佛及十方佛
전 보위중생 귀명참회 유원가호 영장소멸
前 普爲衆生 歸命懺悔 惟願加護 令障消滅

저와 중생들은 무시이래로 항상 삼업三業 육근六根으로 지은 중죄가 장애하여 어떠한 부처님도 뵙지 못하고 해탈의 요체를 알지 못하며, 다만 생사를 따라 다니면서 묘한 이치를 알지 못했나이다. 저는 지금 비록 이러함을 알지만 계속하여 일체

중생과 더불어 일체 중죄에 장애되어 지금 아미타 부처님과 시방세계 부처님 전에 서서 널리 모든 중생을 위해 귀명하여 참회하옵나니, 원하옵건대 가호를 내리사 업장을 소멸케 하옵소서.

(모두 함께)

보위사은삼유 법계중생 실원 단제삼장 귀명참회
普爲四恩삼有 法界衆生 悉願 斷除三障 歸命懺悔

이제 널리 (부모 · 중생 · 국가 · 삼보의) **사은四恩과** (욕계 · 색계 · 무색계) **삼유三有의 법계중생을 위하여 저희들 모두 원하옵건대 세 가지 장애를 끊어 제거하고 귀명하여 참회하게 하옵소서.**

(의식 집전자)

아여중생 무시래금 유애견고 내계아인 외가악우 불수희타 일호지선
我與衆生 無始來今 由愛見故 內計我人 外加惡友 不隨喜他 一毫之善

유변삼업 광조중죄 사수불광 악심변포 주야상속 무유간단 불휘과실
唯遍三業 廣造衆罪 事雖不廣 惡心遍布 晝夜相續 無有間斷 覆諱過失

불욕인지 불외악도 무참무괴 발무인과
不欲人知 不畏惡道 無慚無愧 撥無因果

저와 중생들은 무시이래 지금까지 애욕과 견해로 말미암은 까닭에 안으로 나 자신을 중심으로 계획

하고 밖으로 나쁜 친구와 어울리며, 다른 사람의 털끝만한 선善에도 따라 기뻐하지 않고, 오로지 삼업만 두루 존재하여 널리 중죄를 짓고, 행한 일이 비록 널리 미치지 않아도 저의 악한 마음은 널리 퍼져서 밤낮으로 끊어지지 않고 계속되어, 과실을 덮고 꺼리어 숨겨 다른 사람이 알지 못하게 하고 나쁜 길을 두려워하지 않고 스스로 부끄러워하지도 남에게 부끄러워하지도 않으며, 인과를 무시하며 물리쳤나이다.

(모두 함께)

고어금일(故於今日) 심신인과(深信因果) 생중참괴(生重慚愧) 생대포외(生大怖畏) 발로참회(發露懺悔) 단상속심(斷相續心) 발보리심(發菩提心)
단악수선(斷惡修善) 근책삼업(勤策三業) 번석중과(翻昔重過) 수희범성(隨喜凡聖) 일호지선(一毫之善) 염시방불(念十方佛) 유대복혜(有大福慧)
능구발아(能救拔我) 급제중생(及諸衆生) 종이사해(從二死海) 치삼덕안(置三德岸) 종무시래(從無始來) 불지제법(不知諸法) 본성공적(本性空寂)
광조중악(廣造衆惡) 금지공적(今知空寂) 위구보리(爲求菩提) 위중생고(爲衆生故) 광수제선(廣修諸善) 변단중악(遍斷衆惡) 유원미타(惟願彌陀)
자비섭수(慈悲攝受)

그러므로 저는 오늘 인과를 깊이 믿어, 깊은 부끄러움과 큰 두려움의 마음으로 참회를 드러내고

상속하는 마음을 끊고, 보리심을 발하여 악을 끊고 선을 닦아 부지런히 삼업으로 나아가며, 옛날의 중과重過를 들추어내고 범부와 성인의 털끝만한 선善에도 따라 기뻐하나이다. 시방세계 부처님을 억념하여 큰 복덕과 지혜가 있어 능히 저와 중생은 (분단생사分段生死 · 변이생사變易生死) 두 가지 죽음의 바다로부터 구하여 빼내어서 (지덕知德 · 단덕斷德 · 사덕思德) 세 가지 덕의 언덕으로 데려갈 수 있나이다. 저는 무시이래로 계속 모든 법이 본래 자성이 공적空寂함을 알지 못하였고, 널리 온갖 악을 지었나이다. 오늘 모든 법이 공적함을 알아 보리를 구하기 위해 중생을 위하는 까닭에 널리 모든 선을 닦고 온갖 악을 두루 끊사오니, 오직 바라옵건대 아미타부처님께서 자비로 거두어 주시옵소서.

지심참회 제자모등 급법계중생 종무시래 무명소부 전도미혹 이유육근
至心懺悔 弟子某等 及法界衆生 從無始來 無明所覆 顚倒迷惑 而由六根

삼업 습불선법 광조십악 급오무간 일체중죄 무량무변 설불능진 시방제
三業 習不善法 廣造十惡 及五無間 一切衆罪 無量無邊 說不能盡 十方諸

불 상재세간 법음부절 묘음충새 법미영공 방진광명 조촉일체 상주묘리
佛 常在世間 法音不絕 妙音充塞 法味盈空 放盡光明 照觸一切 常住妙理

변만허공
遍滿虛空

지극한 마음으로 참회합니다. 제자 ○○○ 등과 법계중생은 무시이래로 무명無明에 덮여서 전도되고 미혹하여 육근六根 삼업三業으로 불선법不善法을 익혀서 열 가지 악과 다섯 가지 무간지옥에 떨어지는 일체중죄를 널리 지어왔사오니, 그 죄가 무량무변하여 말로도 다할 길이 없습니다. 시방세계 제불께서는 세간에 항상 계시면서 법음法音이 끊어지지 않아 미묘한 소리가 빈틈없이 가득하고, 법미法味가 허공을 가득 채우며, 광명을 놓아주어 일체를 비추고 닿아, 상주하는 미묘한 이치 허공에 두루 가득하옵니다.

아무시래 육근내맹 삼업혼암 불견불문 불각부지 이시인연 장류생사
我無始來 六根內盲 三業昏暗 不見不聞 不覺不知 以是因緣 長流生死

경력악도 백천만겁 구무출기 금시각오 금시개회 봉대제불 미타세존
經歷惡道 百千萬劫 求無出期 今始覺悟 今始改悔 奉對諸佛 彌陀世尊

발로참회
發露懺悔

저는 무시이래로 육근六根 안으로 눈멀어 삼업三業

이 어둡고 어두워서 보지도 못하고 듣지도 못하며, 깨닫지도 못하고 알지도 못하여 이러한 인연으로 생사의 큰 강물에 빠져 흘러오면서 악도惡道를 겪어오니, 백천만겁에 영원히 벗어날 기약이 없습니다. 이제 비로소 깨닫고 이제 비로소 참회합니다. 사뢰옵건대 일체제불 아미타 세존이시여, 죄를 털어놓고 참회합니다.

당영아여(當令我與) 법계중생(法界衆生) 삼업육근(三業六根) 무시소작(無始所作) 현작당작(現作當作) 자작교타(自作敎他) 견문수희(見聞隨喜)
약억불억(若憶不憶) 약식불식(若識不識) 약의불의(若疑不疑) 약부약로(若覆若露) 일체중죄(一切重罪) 필경청정(畢竟淸淨) 아참회이(我懺悔已)
육근삼업(六根三業) 정무가루(淨無瑕累) 소수선보(所修善報) 실역청정(悉亦淸淨) 개실회향(皆悉回向) 장엄정토(莊嚴淨土) 보여중생(普與衆生)
동생안양(同生安養)

응당 저는 법계중생과 더불어 삼업 육근으로 무시이래 지어왔고 현재에도 짓고 있으며 미래에도 지으면서, 자신이 짓고 타인에게 가르쳐, 보고 듣고 따라 기뻐하며 혹 기억하든지 기억하지 못하든지, 혹 인식하든지 인식하지 못하든지, 혹 의심하든지 의심하지 못하든지 혹 덮든지 드러내든지 상관없이 일체 중죄가 마침내 모두 청정해지도록 하겠나이다. 제가 참회하였나니, 육근 삼업이 청정하여 허물과 누累가 없게 되고, 닦은바 선한 과보도 모두 청정해 이를 모두 다 정토를 장엄함에 회향하옵고, 널리 중생과 더불어 함께 극락에 왕생하여지이다.

원아미타불(願阿彌陀佛) 상래호지(常來護持) 영아선근(令我善根) 현전증진(現前增進) 부실정인(不失淨因) 임명종시(臨命終時) 신심정념(身心正念)
관청분명(觀聽分明) 면봉미타(面奉彌陀) 여제성중(與諸聖衆) 수집화대(手執華台) 접인어아(接引於我) 일찰나경(一刹那頃) 생재불전(生在佛前)
구보살도(具菩薩道) 광도중생(廣度衆生) 동성종지(同成種智)

바라옵건대 아미타 부처님이시여, 항상 오시어 보호하고 지켜주셔서 저로 하여금 선근이 현전現前에서 증진增進하고 청정한 인(淨因)을 잃지 아니하여 목숨이 다하는 때 몸과 마음이 정념正念에 들어 보고 들음이 분명하게 하소서. 사뢰옵건대 아미타 부처님이시여, 모든 성중과 더불어 연화좌대蓮華坐臺를 손에 쥐고 저를 접인接引하시여 일찰나의 짧은 순간 부처님 전에 왕생하여 보살도菩薩道를 갖추어 널리 중생을 제도하고 함께 일체종지一切種智를 이루게 하옵소서.

(의식 집전자)

참회발원이(懺悔發願已) 귀명례아미타불(歸命禮阿彌陀佛) 급일체삼보(及一切三寶)

참회발원하였나이다. 아미타 부처님과 일체 삼보三寶님께 귀명 예배드리옵니다.

(모두 함께)

나무시방불(南無十方佛) 나무시방법(南無十方法) 나무시방승(南無十方僧)

나무석가모니불(南無釋迦牟尼佛) 나무아미타불(南無阿彌陀佛)

나무발일체업장근본득생정토다라니(南無拔一切業障根本得生淨土陀羅尼)

나무관세음보살(南無觀世音菩薩) 나무대세지보살(南無大勢至菩薩)

나무문수사리보살(南無文殊師利菩薩) 나무보현보살(南無普賢菩薩)

나무청정대해중보살(南無淸淨大海衆菩薩) (3칭)

자귀의불 당원중생 체해대도 발무상심
自歸依佛 當願衆生 體解大道 發無上心

스스로 불보에 귀의하오니, 바라옵건대 모든 중생 대도를 체득하고 위없는 마음 발하여지이다. (1배)

자귀의법 당원중생 심입경장 지혜여해
自歸依法 當願衆生 深入經藏 智慧如海

스스로 법보에 귀의하오니, 바라옵건대 모든 중생 경장에 깊이 들어 지혜가 바다 같아지이다. (1배)

자귀의승 당원중생 통리대중 일체무애
自歸依僧 當願衆生 統理大衆 一切無礙

스스로 승보에 귀의하오니, 바라옵건대 모든 중생 대중 통솔함에 일체 걸림이 없어지이다. (1배)

나무아미타불 (3 칭)
南無阿彌陀佛

무량수경 독송 약본

정종조만과본淨宗早晩課本

들어가는 말

여러분과 더불어 정토경전의 핵심을 말씀드리는 매우 수승한 인연을 가질까 합니다. 최근 수십 년간 정종淨宗은 세계 각처에서 모두 훌륭한 발전을 거듭하고 있습니다. 왜 우리들은 대승불교의 수많은 종파 중에서 특별히 정종 염불법문을 수학하고 권유하겠습니까? 불법은 석가모니부처님께서 일체중생에 대한 가장 원만한 교육입니다. 부처님께서는 우리들을 위해 우주와 인생의 진여실상을 설명하셨습니다. 이 진여실상을 명료하게 이해하여야 비로소 우리 눈앞의 생활문제와 나아가 장래에 우리가 어디로 돌아갈 것인가의 문제를 포함한 일체문제를 정확히 해결할 수 있습니다.

부처님께서는 일체 경전에서 우리들에게 가장 구경·원만한 원리를 말씀하셨습니다. 사용하는 용어는 각 종, 각 파마다 완전히 같지 않지만, 그 내용을 귀납시켜보면 확실히 일치합니다. 대승경전에서는 항상 「비춤(照)」·「고요함(寂)」 두 글자를 말합니다. 이 두 글자는 확실히 대승불법의 정수를 포괄할 수 있습니다.

"비추면서 항상 고요하고, 고요하면서 항상 비춘다(照而常寂 寂而常照)" 이 문구는 선종禪宗에서 늘 보는 문구입니다. 정종의 용어로 우리들은 더 쉽게 체득하고 더 쉽게 이해할 수 있습니다. 「비추면서 항상 고요함」은 바로 일심불란一心不亂으로 이는 자수용自受用입니다. 《능엄경楞嚴經》에서 설하고 있는 「오로지 육근을 모두 거두어 들여 정념을 서로 이어감(都攝六根 淨念相繼)」은 진실한 공부이고 진실한 수용입니다. 「비춤」은 바로 정종에서 말하는 청정심입니다. 《무량수경》의 경전제목에서 말하는 「청정清淨·평등平等」이 바로 「비춤」입니다. 그리고 「고요함」은 바로 「각覺」으로 구경원만한 지혜를 말합니다.

「고요하면서 항상 비춤」은 청정 · 평등에서 무량무변의 지혜광명을 내뿜는 것입니다. 이것은 바로 보살이 대자대비로 중생을 두루 제도하는 것입니다. 《무량수경》에 이르길, "중생들에게 진실한 이익을 베풀어 주시느니라" 하였습니다. 이것은 타수용他受用입니다. 그래서 「고요함(寂) · 비춤(照)」 이 두 글자는 선종에만 고유한 이익이 아니라 정종에서 사용하여도 꼭 들어맞습니다. 옛 대덕들께서는 우리들에게 세존께서 49년간 설하신 일체 법의 목적은 바로 한 사람 한 사람 모두 이러한 경계에 도달할 수 있도록 하기 위함입니다. 만약 우리들이 「비춤」에서 「고요함」에 이를 수 있다면 정말 인생을 최고로 향유하는 것이고, 진정으로 행복하고 아름다우며 원만한 삶을 살아갈 것입니다.

실제로 「비춤」이 있으면 일상생활 중에서 사람을 만나거나 일을 처리하거나 사물을 접하는 가운데 생기는 여러 가지 경계에 대해 청정심으로 돌아가고, 평등심으로 돌아갈 수 있습니다. 이것이 정종의 종지宗旨이고 정종수학의 목표로 전부 《무량수경》 선본인 《불설대무량수장엄청정평등각경》, 이 경의 제목에 있습니다. 이번 일생 동안 진정으로 이 목표에 도달하고 싶다면 모든 경전과 교법 안에서 선禪이 가장 빠릅니다. 그러나 선을 닦는 근기와 성향은 개인마다 모두 구족하고 있는 것이 아닙니다. 육조 혜능대사께서 《단경壇經》에서 말씀하신 것처럼 그가 가르치는 대상은 상상근기의 사람이고 보통사람이 아닙니다. 바꾸어 말하면 중근기 · 하근기의 사람들에게는 그 몫이 없습니다. 이 때문에 세존께서는 우리들을 위해 정종법문을 열어 보이셨습니다.

정종법문의 좋은 점은 확실히 일체중생을 포함할 수 있다는데 있습니다. 위로는 등각보살도 포함되는데, 화엄회상에서 문수, 보현보살께서는 화장세계 41위 법신대사들을 최후에 모두 염불하여 정토에 돌아가게 합니다. 아래로는 삼악도 지옥중생들도 일념 내지 십념에 모두 왕생할 수 있습니다. 그래서 정토법문이야말로 진정으로 일체중생을 두루 제도합니다.

정토법문, 즉 소본《아미타경》 및 《무량수경》은 시방 일체 제불여래께서 찬탄하십니다. 일체 제불께서 모두 찬탄하는 것은 쉽지 않습니다. 일체 제불께서는 이미 찬탄하셨습니다. 일체제불께서는 당연히 중생을 위해 강연을 하시며, 석가모니부처님처럼 대중에게 염불하여 정토에 태어나길 구하라고 널리 권유하십니다. 이 때문에 정토법문을 수학하고 정종의 경전을 독송하면 모두 일체제불의 가지加持를 입습니다. 그래서 말법시기에 특히 현재 세계적으로 큰 혼란의 시대에 설사 다른 법문에 수승한 점이 있다 하더라도 시간상으로 이미 일각도 지체할 수 없습니다. 오직 정토법문만이 사용할 시간이 적을 지라도 그것은 간단하고 쉬우며, 온당하고 빠릅니다.

우익대사께서는 그의 《아미타경요해阿彌陀經要解》에서 우리들에게 반드시 제불의 진실한 가르침에 순종하라고 가르치셨습니다. 정토법문은 제불의 진실한 가르침으로 결코 의심해서는 안 되며, 착실하게 열심히 수학하여야 합니다. 이 때문에 정종은 아침 기도일과로 제6품 48원을 선정하였고, 저녁 기도일과로 《무량수경》 선본 제32품에서 37품까지 선정하여 독송하고 있습니다. 그 목적은 매일 수학하는 사람들이 마음도 부처님의 마음과 같아지고, 원도 부처님의 원과 같아지며, 이해(解)와 행동(行) 등 모든 것에 대해 부처님의 가르침을 따르길 희망해서입니다. 이로써 무량수경에서 말씀한 수승한 이익은 반드시 현전에서 얻게 될 것입니다. 이것이 우리들 정종에 아침저녁 과송 경문을 선정한 유래입니다. 우리들은 이 점을 똑똑히 알아야 합니다.

《무량수경》의 앞 장은 아미타부처님의 전기, 아미타부처님의 역사입니다. 아미타부처님께서는 법장보살이던 인지因地 시절에 국왕의 신분으로 부처님께서 강경설법하시는 것을 듣고 깨달음을 얻어 왕위를 버리고 발심하여 출가 수행하셨습니다. 그의 원력은 불가사의하고 자비 또한 불가사의합니다. 법장보살께서는 자신을 성취하고 일체중생을 도와서 일체중생들이 모두 일생 중에 원만한 성취를 얻도록 하였습니다.

그의 성취는 우연적인 것이 아니라 스승이신 세간자재왕여래의 광대한 가르침과 위신력의 가지를 받아들인 것입니다. 제4장 제5장 이 단락의 역사는 대단히 중요한데 그가 배움을 구하는 과정을 볼 수 있습니다.

스승의 위신력으로 시방일체 제불의 찰토가 그의 눈앞에 펼쳐져 자세히 참관할 수 있었습니다. 요즘말로 "만 권의 책을 읽고 수많은 길을 걸어가라!"는 말과 같습니다. 그는 수많은 세계에 육도윤회가 있고 삼악도가 있으며, 선한 것이 있고 악한 것이 있음을 보게 됩니다. 이에 발심을 하여 다른 사람의 장점은 취하고, 단점을 버리고서 온전히 결함이 없는 완전한 세계를 건립하였습니다. 선하지 않은 것은 모두 피하고, 모든 제불찰토의 좋은 것과 선한 것을 모두 취하였습니다. 바꾸어 말하면 그가 건립한 극락세계는 바로 일체제불의 아름다운 대 성취를 모은 것으로 지금 과학의 이념과 꼭 들어맞습니다. 그래서 그의 극락세계는 공상에 기대는 것도, 어떤 신통력이 바꾸어 나타난 것도 아니며, 수많은 제불찰토를 참고하여 창조한 것입니다. 우리들은 매우 기뻐하고 매우 경탄하게 될 것입니다.

극락세계가 건립된 후 그는 스승을 향해 보고를 올립니다. 제6장은 법장보살의 보고입니다. 전체 경문에서는 극락세계 일체 상황을 우리들을 위해 설명합니다. 석가모니부처님께서 극락세계의 의정장엄依正莊嚴을 소개하시고, 수많은 경전을 강설하셨는데, 우리들이 자세히 관찰하면 확실히 한 문구도 48원을 거스르지 않습니다. 모든 일체 정종경전을 설한 것은 모두 48원의 상세한 설명입니다. 이 한 장의 경문을 얻는 것이 정종의 근본이자 정종의 근원이라고 말할 수 있습니다.

1994년 캘리포니아 디엔자DEANZA 학원에서

정공법사 강술

극락세계 보살의 마음은 한없이 넓어서 망념이 없기에
근심걱정이 전혀 없고, 그들의 행위는 자성본연에서
흘러나와 작위의 모습이 없으며, 그들의 마음은 허공과
같아 한 법도 세우지 않느니라. 생활에서는 담백하고
안온하여 어떤 욕망도 일으키지 않고 살아가되,
선한 원을 세워 온 마음 다해 선교방편을 모색하고,
대자대비의 마음으로 중생들을 이롭게 할 생각뿐이니라.
중생들을 제도하는 방법은 세상의 예절과 의리에 모두 합치되고,
보살의 지혜는 일체 이理와 사事를 포용하고 받아들여 이로써
중생들을 제도하고 일생에 해탈을 얻게 하느니라.
-불설무량수경

염불일과 수행요의

"항상 자신을 점검하고 수렴하여서
행동을 단정히 하고 마음을 정직하게 하라(檢斂端直)."
_『불설대승무량수장엄청정평등각경』

1.

진정한 염불수행인은 아침저녁으로 두 차례 염불일과(功課)를 가져야 합니다.

아침 염불일과는 우리들이 잊지 말아야 할 것을 일깨우는 시간입니다. 우리들은 매일매일 부처님의 가르침을 준수하여 우리 자신의 사상·견해·행위를 수정해야 합니다.

저녁 염불일과는 진지하게 생각하고 또 생각하는 시간입니다. 부처님께서 우리에게 가르쳐 주신 것 중에서 하루하루 우리가 실천하지 못한 것은 없는가? 점검해보고 실천하지 못했다면 서둘러 내일이라도 실천해야 합니다. 이미 실천하였다면 더욱 잘 유지하여서 그것을 잃지 않도록 해야 합니다. 이것이 진정으로 아침저녁 염불일과를 해내는 진정한 수행입니다.

우리들이 불보살님 앞에서 경문을 독송하는 것은 부처님께 우리들을 증명해줄 것을 청하는 것입니다. 내가 반드시 부처님의 가르침을 준수하려면 진지하게 노력해야 합니다. 그래서 수행에서 "수修"는 바로잡음입니다. 우리들의 생각과 견해, 말과 행동이 잘못되면 부처님의 가르침에 비추어 그것을 바로잡아야 합니다. 이것을 "수행"이라고 합니다.

요컨대 아침 염불일과는 자신을 일깨우는 것이고, 저녁 염불일과는 반성입니다. 항상 자신을 점검하고 수렴하여 행동을 단정히 하고 마음을 정직하게 할 따름입니다.

_정공 법사, 『불설무량수청정평등각경 강기』

2.

고덕께서 말씀하셨습니다. "오직 아미타 부처님을 친견할 수 있다면 어찌 개오하지 못할까 근심하리오(但得見彌陀 何愁不開悟)."

진정한 염불수행인은 아침 염불일과로 무량수경 제6품 48원을 독송합니다. 이를 통해 아미타부처님 원이 자신의 본원으로 변화되어 아미타부처님과 마음도 같아지고 원도 같아지도록 합니다.

저녁 염불일과는 32품에서 37품까지 총 6품을 독송합니다. 경문의 글자는 많지 않으나, 이理와 사事에 대한 설명이 대단히 원만합니다. 특히 제33품에서 37품은 모두 우리를 위한 가르침이자 경계의 글입니다. 어느 것은 실천하고 어느 것은 실천하지 않겠습니까? 독송한 후 오늘 자신의 사상·견해·행위를 경문중의 말씀과 대조하여 어느 것은 이미 실천했고 어느 것은 실천하지 않았는지 진지하게 반성해야 합니다. 실천한 것은 계속 유지하여 잃지 않도록 희망하고, 아직 행하지 않은 것은 내일 실천할 수 있어야 수행입니다.

아미타부처님의 가르침을 실천할 수 있으면 우리 행동은 아미타부처님과 같아지고, 마음도 같아지며, 원도 같아지며, 행동도 같아지며, 이해도 같아져서 반드시 극락세계에 상상품으로 왕생할 수 있습니다. 이와 같이 행하면 뜻과 원이 무상한 경계에 도달하고 몸과 마음도 선정에 들어 법희가 충만하고 부처님 공부(學佛)를 통해 얻은 이익이 현전할 수 있을 것입니다.

_정공 법사, 『불설무량수청정평등각경 친문기』

아난아, 그 어떤 중생이 지금 세상에서 아미타부처님을 친견하고자 한다면 마땅히 위없는 보리심을 발하여야 하고, 다시 극락세계를 전념專念해야 하며, 선근을 쌓고 모아서 지니고 회향하여야 하느니라. 이로 인해 부처님을 친견하고 저 국토에 태어나서 불퇴전을 얻고 나아가 위없는 보리를 증득하느니라.
-무량수경

[무량수경 아침 독송]

노향찬 (합장)

향로에 향을 사루니
법계에 향기가 가득
부처님 회상에 널리 퍼져서
곳곳마다 상서구름 맺히나이다
저희 뜻 간절하오니
부처님 강림하옵소서

나무향운개 보살마하살 (3회)

연지찬

연지해회 아미타부처님
관세음보살 · 대세지보살 연화대 앉으시어
저희들 접인해 황금계단 오르게 하시나이다
원하옵건대 큰 서원 널리 여시어
저희들 티끌세상 여의게 하옵소서

나무연지해회 보살마하살 (3회)
나무본사석가모니불 (3회)

불설대승무량수장엄청정평등각경

제6품 48대 서원을 발하다

법장 비구께서 부처님께 아뢰길, "세존이시여, 오직 원하옵건대 대자비로 저의 서원을 듣고 자세히 살펴 주시옵소서."

제1 국무악도원 · 제2 불타악취원

제가 만약 무상보리를 증득하고 정각을 이룬다면 제가 머무는 불국토에 무량한 불가사의 공덕장엄을 구족하겠나이다. 지옥 · 아귀 · 짐승과 기거나 날거나 꿈틀거리는 벌레의 부류들이 없도록 하겠나이다. 모든 일체 중생, 염마라계까지도 삼악도에서 저의 국토로 와서 태어나게 하고, 저의 법화를 받아서 누구나 다 아뇩다라삼먁삼보리를 성취하여서 다시는 악취에 떨어지지 않도록 하겠나이다. 만약 이 서원을 이루면 부처가 될 것이며, 이 서원을 이루지 못한다면 무상정각을

성취하지 않겠나이다.

제3 신실금색원 · 제4 삼십이상원 · 제5 신무차별원

제가 부처 될 적에 저의 국토에 태어난 시방세계 모든 중생들이 자마진금 빛깔의 몸을 구족하도록 하겠나이다. 32종 대장부상을 구족하도록 하겠나이다. 단정 · 정결하여서 생김새가 같도록 하겠나이다. 만약 생김새에 아름답고 추한 차이가 있다면 정각을 성취하지 않겠나이다.

제6 숙명통원 · 제7 천안통원 · 제8 천이통원

제가 부처 될 적에 저의 국토에 태어난 모든 중생들이 모두 무량겁 동안 전생에 지은 바 선과 악을 알도록 하겠나이다. 모두 다 능히 꿰뚫어 보고, 철저히 들어서 시방세계 과거 · 미래 · 현재의 일을 알도록 하겠나이다. 만약 이 서원을 이루지 못한다면 정각을 성취하지 않겠나이다.

제9 타심통원

제가 부처 될 적에 저의 국토에 태어난 중생들이 다른 사람의 마음을 아는 신통력을 얻도록 하겠나이다.

만약 백천 억 나유타의 수많은 불국토에 있는 중생들의 마음과 생각을 알지 못한다면 정각을 성취하지 않겠나이다.

제10 신족통원 · 제11 공양제불원

제가 부처 될 적에 저의 국토에 태어난 모든 중생들이 신통자재 바라밀다를 얻도록 하겠나이다. 일념의 짧은 순간에 백천억만 나유타의 불찰토를 뛰어넘어 두루 다니면서 제불께 공양을 올릴 수 없다면 정각을 성취하지 않겠나이다.

제12 정성정각원

제가 부처 될 적에 저의 국토에 태어난 모든 중생들이 분별을 멀리 여의고, 모든 감각이 적정에 들도록 하겠나이다. 만약 결정코 등정각을 성취하여 대열반을 증득하지 못한다면 정각을 성취하지 않겠나이다.

제13 광명무량원 · 제14 촉광안락원

제가 부처 될 적에 광명이 무량하여 시방세계에 두루 비추어서 제불의 광명보다 훨씬 수승하고, 해와 달보다 천만 억 배나 더 밝도록 하겠나이다. 만약 어떤

중생이 저의 광명을 보아 그의 몸에 비추어 닿기만 해도 안락함을 느끼지 않음이 없고, 자비심으로 선을 행하여 저의 국토에 태어나도록 하겠나이다. 만약 이와 같이 되지 않는다면 저는 정각을 성취하지 않겠나이다.

제15 수명무량원 · 제16 성문무수원

제가 부처 될 적에 저의 수명이 무량하고, 저의 국토에 성문과 천인이 무수하며, 그들의 수명 또한 모두 무량하도록 하겠나이다. 가령 삼천대천세계의 중생들이 모두 연각을 성취하고 백천 겁 동안 함께 계산하여 만약 그 양과 수를 알 수 있다면 정각을 성취하지 않겠나이다.

제17 제불칭탄원

제가 부처 될 적에 시방세계 무량찰토에 계시는 무수한 제불께서 만약 다 같이 저의 명호를 칭양 · 찬탄하지 않고, 저의 공덕과 국토의 선을 말하지 않는다면 정각을 성취하지 않겠나이다.

제18 십념필생원

제가 부처 될 적에 시방세계 중생들이 저의 명호를 듣고서 지극한 마음으로 믿고 좋아하며, 일체 선근을 순일한 마음으로 회향하고, 저의 국토에 태어나길 발원하여, 내지 십념에 만약 저의 국토에 태어나지 못한다면 정각을 성취하지 않겠나이다. 다만 오역죄를 짓거나 정법을 비방하면 제외될 것입니다.

제19 문명발심원 · 제20 임종접인원

제가 부처 될 적에 시방세계 중생들이 저의 명호를 듣고서 보리심을 발하여 온갖 공덕을 닦고, 육바라밀을 봉행하여 굳건히 물러나지 않으며, 또 일체 선근을 회향하여 저의 국토에 태어나기를 발원하도록 하겠나이다. 일심으로 저를 염하여 밤낮으로 끊어지지 않는다면 목숨이 다하는 때 저는 보살성중과 함께 그 사람 앞에 나타나 맞이하여, 짧은 시간에 곧 저의 국토에 태어나 불퇴전지 보살이 되도록 하겠나이다. 만약 이 서원을 이루지 못한다면 정각을 성취하지 않겠나이다.

제21 회과득생원

제가 부처 될 적에 시방세계 중생들이 저의 명호를 듣고서 저의 국토에 생각을 매어두고, 보리심을 발하여 견고한 신심으로 물러나지 않으며, 온갖 공덕의 근본을 심어 기르고 지극한 마음으로 회향하여 극락세계에 태어나고자 한다면 그 원을 이루지 못하는 이가 없도록 하겠나이다. 만약 과거 숙세에 악업이 있다 하더라도 저의 명호를 듣고서 곧바로 스스로 잘못을 참회하고, 불도를 위해 선을 지으며, 곧 경전의 가르침을 수지하고 계를 지녀서 저의 찰토에 태어나길 발원한다면 그 사람은 목숨이 다할 때 다시는 삼악도에 떨어지지 않고, 즉시 저의 국토에 태어나도록 하겠나이다. 만약 이와 같이 되지 않는다면 정각을 성취하지 않겠나이다.

제22 국무여인원 · 제23 염녀전남원 · 제24 연화화생원

제가 부처 될 적에 저의 국토에는 여성이 없도록 하겠나이다. 만약 어떤 여인이 저의 명호를 듣고서 청정한 믿음을 얻고 보리심을 발하여 여자의 몸을 싫어하고 근심하여 저의 국토에 태어나길 발원한다면, 목숨이

다하는 즉시 바로 남자로 변하여 저의 찰토에 태어나도록 하겠나이다. 시방세계 어떤 부류의 중생들이든 저의 국토에 태어나는 이는 모두 다 칠보 연못의 연꽃에서 화생하도록 하겠나이다. 만약 이와 같이 되지 않는다면 정각을 성취하지 않겠나이다.

제25 천인예경원 · 제26 문명득복원 · 제27 수수승행원

제가 부처 될 적에 시방세계 중생들이 저의 명호를 듣고서 환희심을 내어 믿고 좋아하며, 예배하고 귀의하며, 청정한 마음으로 보살행을 닦아서 제천 · 세간 사람들이 공경하지 않는 이가 없도록 하겠나이다. 만약 저의 명호를 들으면 수명이 다한 후에 존귀한 집에 태어나도록 하고, 육근에 결함이 없도록 하겠나이다. 늘 수승한 범행을 닦도록 하겠나이다. 만약 이와 같이 되지 않는다면 정각을 성취하지 않겠나이다.

제28 국무불선원 · 제29 주정정취원 · 제30 낙여누진류 · 제31 불탐계신원

제가 부처 될 적에 저의 국토에 선하지 않은 이름이 없도록 하겠나이다. 저의 국토에 태어난 모든 중생들

이 다 함께 일심으로 정정취에 머물도록 하겠나이다. 영원히 뜨거운 번뇌를 여의고, 청정하고 시원한 마음을 얻으며, 느끼는 즐거움이 마치 누진 비구와 같아지도록 하겠나이다. 만약 상념이 일어나 몸에 탐착하는 이가 있다면 정각을 성취하지 않겠나이다.

제32 나라연신원 · 제33 광명변재원 · 제34 선담법요원

제가 부처 될 적에 저의 국토에 태어난 모든 중생들이 선근이 무량하고 금강 나라연신의 견고한 힘을 얻도록 하겠나이다. 정수리에서 광명이 밝게 비추고, 일체 지혜를 이루며, 가없는 변재를 획득하도록 하겠나이다. 모든 불법의 비요를 잘 말하고, 경전을 설하며, 불도를 행하여서 그 말씀이 마치 종소리처럼 널리 퍼지도록 하겠나이다. 만약 이와 같이 되지 않는다면 정각을 성취하지 않겠나이다.

제35 일생보처원 · 제36 교화수의원

제가 부처 될 적에 저의 국토에 태어난 모든 중생들이 구경에는 반드시 일생보처에 이르도록 하겠나이다. 다만 그의 본원이 중생들을 위하는 까닭에 사홍서원의

갑옷을 입고 모든 유정들을 교화하여, 그들이 모두 신심을 내고 보리행을 닦아 보현의 도를 행하도록 하는 이는 제외될 것입니다. 비록 타방세계에 태어날지라도 영원히 악취를 여의도록 하며, 혹은 법문을 설하길 좋아하고, 혹은 법문 듣기를 좋아하며, 혹은 신족통을 보여서 뜻하는 대로 수습하여서 원만하지 않음이 없도록 하겠나이다. 만약 이와 같이 되지 않는다면 정각을 성취하지 않겠나이다.

제37 의식자지원 · 제38 응념수공원

제가 부처 될 적에 저의 국토에 태어난 중생들에게 구하는 음식과 의복과 갖가지 공양구가 뜻하는 대로 즉시 이르게 하여, 그의 원을 만족시키지 못함이 없도록 하겠나이다. 시방세계 제불께서 그들의 생각에 감응하여 그 공양을 받아 주시도록 하겠나이다. 만약 이와 같이 되지 않는다면 정각을 성취하지 않겠나이다.

제39원 장엄무진원

제가 부처 될 적에 국토의 만물은 장엄 · 청정하고,

빛나고 화려하며, 형상과 빛깔이 수승하고 특별하며, 미세함이 궁진하고 미묘함이 지극하여 말할 수도 없고 헤아릴 수도 없도록 하겠나이다. 모든 중생들이 비록 천안을 구족하였다 하더라도 그 형상과 빛깔, 광명과 모습, 이름과 수량을 분별하고, 전부 상세하게 말할 수 있다면 정각을 성취하지 않겠나이다.

제40 무량색수원 · 제41 수현불찰원

제가 부처 될 적에 저의 국토에는 무량한 빛깔의 보배 나무가 있어서, 그 높이가 백 천 유순이나 되고, 도량의 나무는 높이가 4백만 리나 되며, 모든 보살 중에서 비록 선근이 하열한 이가 있을지라도 또한 그것을 알 수 있도록 하겠나이다. 제불의 청정국토 장엄을 보고자 한다면 마치 맑은 거울에 얼굴을 비추어 보듯이 모두 보배 나무 사이로 볼 수 있도록 하겠나이다. 만약 이와 같이 되지 않는다면 정각을 성취하지 않겠나이다.

제42 철조시방원

제가 부처 될 적에 제가 머무는 불국토는 광대하고

넓으며, 장엄하고 청정하며, 광명이 마치 거울처럼 밝고 투명하여 시방세계 무량무수의 불가사의한 제불세계를 철저히 비추어서 중생들이 이를 본다면 희유한 마음을 내도록 하겠나이다. 만약 이와 같이 되지 않는다면 정각을 성취하지 않겠나이다.

제43원 보향보훈원

제가 부처 될 적에 아래로는 땅에서부터 위로는 허공에 이르기까지 궁전과 누각, 칠보 연못과 보배 나무 등 국토에 있는 일체 만물이 모두 다 무량한 보배향이 합하여 이루어지고, 그 향이 시방세계에 두루 퍼져서 그 향을 맡는 중생들은 부처님의 행을 닦도록 하겠나이다. 만약 이와 같이 되지 않는다면 정각을 성취하지 않겠나이다.

제44 보등삼매원 · 제45 정중공불원

제가 부처 될 적에 시방세계 불찰토의 모든 보살성중이 저의 명호를 듣고 나서 모두 청정 · 해탈 · 보등삼매를 체득하고, 일체 깊은 총지를 지니며 삼매에 머물러 성불에 이르도록 하겠나이다. 선정 속에서 항상 무량

무변의 일체 제불께 공양드리고 선정을 잃지 않도록 하겠나이다. 만약 이와 같이 되지 않는다면 정각을 성취하지 않겠나이다.

제46 획다라니원 · 제47 문명득인원 · 제48 현증불퇴원

제가 부처 될 적에 타방세계의 모든 보살성중이 저의 명호를 들으면 생사를 여의는 법을 증득하고 다라니를 획득하도록 하겠나이다. 청정하고 환희하여 평등에 안온히 머물며, 보살행을 닦고 공덕의 근본을 구족하여, 감응할 때 일 · 이 · 삼의 법인을 획득하도록 하겠나이다. 모든 불법에서 불퇴전을 현증할 수 없다면 정각을 성취하지 않겠나이다.

불설대승무량수장엄청정평등각경

발대서원 제육 終

발일체업장근본득생정토신주

나무아미다바야 다타가다야 다지야타 아미리 도바비 아미리다 신담바비 아미리다 비가란제 아미리다 비가란다 가미니 가가나 지다가리 사바하 (세 번)

찬불게

아미타불 청정법신 금빛으로 찬란하고
거룩하신 상호광명 짝할이가 전혀없네
아름다운 백호광명 수미산을 둘러있고
검고푸른 저눈빛은 사해바다 비추시며
광명속에 화신불이 한량없이 많으시고
보살도를 이룬사람 또한 그지없나이다
중생제도 이루고자 사십팔원 세우시고
구품으로 중생들을 피안으로 이끄시네
나무서방극락세계 대자대비 아미타불

나무아미타불

(염불 수에 따라 백 번 내지 천 번 하고 다시 4자염불로 바꾼다)

아미타불 (백 · 천 번)

나무관세음보살 나무대세지보살

나무청정대해중보살 (세 번)

십대원왕 十大願王

제불께 예배하고 공경함이 그 하나요,
여래의 공덕장엄을 칭양 · 찬탄함이 그 둘이며,
널리 닦아 부처님께 공양함이 그 셋이요,
스스로의 업장을 참회함이 그 넷이며,
남의 공덕을 따라 기뻐함이 그 다섯이요,
법륜을 굴려주시길 청함이 그 여섯이며,
부처님께서 세상에 오래 머무시기를 청함이 그 일곱이요,
항상 부처님을 따라 배움이 그 여덟이며,
항상 중생들을 따름이 그 아홉이며,
모든 공덕을 중생들에게 널리 회향함이 그 열이니라.
시방삼세일체불 일체보살마하살 마하반야바라밀
사생四生 · 구유九有 모두 함께 정토법문에 귀의하고,
팔난八難 · 삼도三塗 다 같이 아미타부처님
큰 서원의 바다에 들어가지이다.

삼귀의

부처님께 귀의하와 바라노니 모든중생
큰이치 이해하고 위없는맘 내어지이다

(절하고 일어난다)

법보에게 귀의하와 바라노니 모든중생
삼장속에 깊이들어 큰지혜 얻어지이다

(절하고 일어난다)

승가에게 귀의하와 바라노니 모든중생
많은대중 통솔해 온갖장애 없어지이다
거룩하신 모든 성중에게 예경하나이다

(절하고 일어난다)

(합장하고 인사한다)

[무량수경 저녁 독송]

노향찬 (합장)

향로에 향을 사루니
법계에 향기가 가득
부처님 회상에 널리 퍼져서
곳곳마다 상서구름 맺히나이다
저희 뜻 간절하오니
부처님 강림하옵소서

나무향운개 보살마하살
나무향운개 보살마하살
나무향운개 보살마하살

연지찬

연지해회 아미타부처님
관세음보살·대세지보살 연화대 앉으시어
저희들 접인해 황금계단 오르게 하시나이다
원하옵건대 큰 서원 널리 여시어
저희들 티끌세상 여의게 하옵소서

나무연지해회 보살마하살 (세 번)
나무본사석가모니불 (세 번)

불설대승무량수장엄청정평등각경

제32품 극락세계에는 수명과 즐거움이 무극하다

부처님께서 미륵보살과 제천 · 인간 등에게 말씀하시길, "무량수불의 국토에 있는 성문 · 보살들의 공덕과 지혜는 이루 다 말로 칭찬할 수 없고, 또한 그 국토의 미묘하고 안락하고 청정하게 장엄된 모습도 이와 같거늘, 어찌 중생들은 힘써 선업을 닦지 않고 대도인 자성 성덕의 명호를 염하지 않겠는가?

극락세계 보살은 자유자재하게 출입하면서 부처님께 공양 올리고, 경법을 지혜로 관하여 일상에서 도를 실천하며, 오랜 시간 훈습하여 법희 충만하고 좋아하며, 재주가 뛰어나고 용맹하고 지혜로우며, 신심이 견고하여 도중에 물러나지 않고 뜻을 게을리 하지 않느니라. 겉으로는 한가롭고 느릿느릿 하게 보여도, 속으로는 쉼 없이 빨리 달려가고 있느니라. 그 심량은 허공과 같이 청정광대하여 일체를 포용하고, 꼭 알맞게 중도에 들어맞으며, 속마음과 겉모습이 하나로 상응하여 위의가 저절로 엄정하느니라.

극락세계 보살은 항상 자신을 점검하고 수렴하여서 행동을 단정히 하고 마음을 정직하게 하며, 몸과 마음이 항상 정결·청정하여 일체의 애욕과 탐욕이 없으며, 뜻과 원이 안정되어 더하거나 모자람이 없느니라. 도를 구함에 있어 화평하고 중정한 마음을 유지하고, 잘못된 사견에 기울지 않으며, 경전의 가르침에 따라 자기의 심행을 약속하여 감히 넘어지거나 틀어지지 않고, 또 먹줄을 친 듯 바른 마음·바른 행으로 모두 위없는 보리의 대도를 우러러 사모할 뿐이니라.

극락세계 보살의 마음은 한없이 넓어서 망념이 없기에 근심걱정이 전혀 없고, 그들의 행위는 자성본연에서 흘러나와 작위의 모습이 없으며, 그들의 마음은 허공과 같아 한 법도 세우지 않느니라. 생활에서는 담백하고 안온하여 어떤 욕망도 일으키지 않고 살아가되, 선한 원을 세워 온 마음 다해 선교방편을 모색하고, 대자대비의 마음으로 중생들을 이롭게 할 생각뿐이니라. 중생들을 제도하는 방법은 세상의 예절과 의리에 모두 합치되고, 보살의 지혜는 일체 이와 사를 포용하고 받아들여 이로써 중생들을 제도하고 일생에 해탈을 얻게 하느니라.

극락세계 보살은 자성본연을 잘 보임하고 지켜서 진여본성의 청정 · 정결 · 순백을 잘 지키며, 그들의 뜻과 원은 지극히 높아 위없고 청정하고 흔들리지 않아 안락에 이르니라. 단번에 활연히 개오하여 사무쳐 밝아서, 자성 가운데 나타나는 일진법계의 경계상과 일체현상의 자성본체를 통달하여 명백히 이해하느니라. 자성본연의 광명과 빛깔이 서로 뒤섞여서 변화가 무궁하고, 식이 전변하여 십법계를 의정 장엄하니, 가장 수승하느니라.

울단월의 세계가 모두 다 저절로 칠보로 이루어지듯 극락세계도 횡으로 시방허공 중에 저절로 만물이 이루어져 광명 · 정미함 · 명정함이 다 같이 흘러나오니, 그 아름답고 수승함은 어떤 세계와도 견줄 수 없느니라. 이곳의 보살들은 또한 자성공덕을 원만히 구족하여 여여한 이치가 밝게 드러남에 상하 삼세가 없고, 일체 만법을 통달함에 시방 변제가 없느니라.

저 세계와 성중의 공덕이 이러하니, 각자 부지런히 정진하여 왕생하길 구할지니라. 그러면 반드시 단숨에 뛰어넘어서 무량청정한 아미타부처님 국토에 왕생할 수 있느니라. 아미타부처님의 가지를 얻어 육도를 횡으로 뛰어넘으면 삼악도의 문이 저절로 닫혀 버리거늘, 당생에 성불하는 무극의 수승한 대도를 닦아 누구나 극락세계에 쉽게 갈 수 있는데도 가려고 하는 사람이 없구나! 극락세계는 그 누구도 거절하고 외면하지 않는데, 타고난 죄업에 이끌려 따라 다니느라 가려고 하지 않는구나!

세간의 일체 욕망을 모두 놓아버리고 허공처럼 한 법도 세우지 말라. 부지런히 수행해 염불수행의 도법과 극락왕생의 공덕을 구한다면 지극히 장수를 누려서 수명과 즐거움이 무극할 텐데, 무엇 때문에 세상사에 탐착하면서 시끄럽게 떠들며 무상한 일에 근심하는가?"

제33품 권유하고 독려하여 정진하게 하시다

"세상 사람들은 급하지도 않은 일에는 서로 앞다투어 쫓아 다니지만, 생사윤회를 벗어나는 일에 관심조차 두지 않는구나! 지극히 악독하고 괴로움이 가득 찬 세상에서 몸과 마음을 고달프게 부리면서 세상일 하느라 고생하며 자신의 욕망을 채우기 위해 쓸데없이 바쁘게 살아가는구나. 윗사람이거나 아랫사람이거나 가난하거나 부유하거나 남녀노소 할 것 없이 하나같이 고민하고 근심 걱정하며 남보다 더 잘 되려는 마음에 실속 없이 뛰어다니기만 하는구나!

논밭이 없으면 논밭이 없어 걱정이고, 집이 없으면 집이 없어 걱정이고, 권속과 재물이 있어도 없어도 걱정이고, 이런 것이 있으면 저런 것이 적다고 여겨 남들과 똑같이 가지려고 하는구나. 마침 조금 가지게 되면 또 생각지도 못한 사태가 일어나지 않을까, 물난리나 화재를 만나서 타버리고, 떠내려가고, 도적이나 원수나 빚쟁이를 만나서 빼앗겨서 재물이 흩어지고, 없어지지 않을까 걱정하는구나.

마음이 인색하고 뜻이 완고하여 아무것도 내려놓지 못하고 연연하지만, 목숨이 다할 때 버리고 가야 하니,

그 무엇도 가지고 갈 수 없느니라. 이는 가난하거나 부유하거나 모두 똑같아서, 모두가 만 갈래 근심과 고뇌를 지닌 채 살아가는구나.

세상 사람들은 부자와 형제, 부부와 친척 사이에 서로 공경하고 사랑해야 하며, 서로 미워하거나 질투하는 일이 없어야 하느니라. 재산이 있든지 없든지 간에 서로 도와야 하고 탐하거나 아까워하는 일이 없어야 하며, 말과 안색을 늘 부드럽게 가지고 서로 거스르고 비뚤어지지 말아야 하느니라. 혹 때로는 마음에 다른 의견이 생겨 서로 양보하지 못하고, 혹 때로는 화내고 분노하는 일이 있어서 다음 세상에 더 치열해져 큰 원수가 되기도 하느니라. 그래서 세상일에 더욱 근심이 쌓이고 손해를 입게 되니, 비록 당장 닥치지 않을 때라도 서둘러 화해할 방법을 찾아야 하느니라.

세상 사람들은 누구나 애욕 속에서 홀로 나서 홀로 죽고, 홀로 가고 홀로 오며, 괴로움과 즐거움을 스스로 감당해야 하니, 대신해줄 사람은 없느니라. 선악이 변화하여 태어나는 곳마다 선악의 업인이 따라 다니지만, 각자 가는 길이 달라서 다시는 만날 기약이 없나니,

어찌하여 건강할 때 선을 닦으려 노력하지 않고, 무엇을 기다리고 있는가?

세상 사람들은 선악을 스스로 알지 못해 각자 경쟁하듯 길흉화복을 짓고, 자신이 어리석어 악업을 지으며 정신이 어두워서 지혜가 없느니라. 외도의 가르침을 이리저리 받아들이며, 뒤바뀐 마음이 계속 이어져서 육도윤회로 생사가 끊어지지 않고, 탐·진·치로 말미암아 악을 짓느니라. 정신이 멍하고 컴컴하여 부딪치고 충돌하는데, 그 원인은 부처님의 말씀을 믿지 않기 때문이니라. 멀리 내다보지 못하고 각자 눈앞의 쾌락만 추구하는데, 이는 분노에 미혹되고 재색을 탐하여 끝내 그치지 못하기 때문이니, 애통하고 가슴 아플 따름이니라.

과거의 사람들은 선을 행하지 않고 도덕을 알지 못하였으며, 이를 말해주는 사람조차 없어 세상살이가 이런 지경에 이르렀으니, 전혀 이상할 것도 없느니라. 이들은 생사 육도윤회의 과보와 선악의 업인을 모두 믿지 않았고, 아예 이러한 일은 없다고 말하였느니라.

죽어서 이별하는 모습을 바라보면 스스로 알 수 있나

니, 혹 부모는 자식이 죽어서 울기도 하고, 혹 자식은 부모가 죽어서 울기도 하며, 형제와 부부는 더욱더 서로 흐느껴 우나니, 한 사람은 죽고 한 사람은 살아서 서로 애틋하게 그리워하여 놓아버리지 못하고, 근심과 애착에 마음이 결박되어 벗어날 때가 없으며, 부부의 정을 생각하여 욕정을 여의지 못하느니라. 이러한 상황에 대해 깊이 생각하고 잘 헤아려서 전일하게 정성 다해 도를 행할 수 없다면 나이와 수명이 다하는 때에 이르러 어찌할 도리가 없느니라. 도에 미혹한 자는 많지만, 도를 깨달은 자는 적어서 각자 남을 죽이려는 독한 마음을 품어 사악한 기운이 가득하고 마음이 어두컴컴해 망령되게 일을 저지르고, 자성의 천진하고 선량함을 거스르며, 제멋대로 죄를 짓고 극악무도하니, 문득 하늘에서 그 목숨을 빼앗아 악도에 떨어져 벗어날 기약이 없느니라.

그대들은 깊이 생각하고 잘 헤아려 온갖 악을 멀리 여의고, 선을 선택하여 부지런히 행해야 하느니라. 애욕과 영화는 늘 유지될 수 없고, 모두 헤어져 여의는 것으로 즐거워할 만한 것이 하나도 없나니, 부지런히 정진하여 안락국에 태어나길 구해야 하느니라. 그곳에 태어나면 지혜에 밝고 통달하여 공덕이 수승하니라. 욕망에 따라 멋대로 행동하지 말지니, 이해하고 행하는 것이 완전하지 못하고 결함이 있으며, 경전의 가르침을 저버리게 되어 윤회의 고통을 피하지 못하느니라. 설사 장래에 다시 이러한 법문을 만나서 왕생을 구한다 하더라도, 이미 다른 사람들보다 뒤처지게 될 것이니라."

第34품 마음이 열리고 명백히 이해하다

미륵보살이 부처님께 아뢰길, "부처님께서 말씀하신 가르침과 계율은 이치가 매우 깊고, 마음에 잘 와닿습니다. 모든 중생들은 모두 자비로운 은혜를 입어서 근심과 고통으로부터 벗어날 수 있습니다. 부처님께서 법의 왕이 되시니, 그 존귀함은 모든 성인을 뛰어넘습니다. 광명 지혜는 시방세계를 사무쳐 비추고 통달하여 무극하니, 두루 일체 제천·인간의 스승이 되십니다. 지금 부처님을 뵙고, 또한 아미타부처님의 말씀을 듣고 무량수경의 법음을 들을 수 있으니, 어찌 기쁘지 않을 수 있겠습니까? 저희들은 마음이 열리어 명백히 이해하였습니다."

부처님께서 미륵보살에게 말씀하시길, "부처님을 공경하는 사람들은 모두 다 선근이 큰 사람이니, 성실하게 염불하여 여우같은 의심 끊어버리고, 모든 애욕을 뿌리 뽑으며, 온갖 악의 근원을 막고서 삼계를 두루 다니며 아무런 걸림 없이 바른 도를 열어 보이고, 아직 제도 받지 못한 중생들을 제도하느니라.

시방세계 사람들이 영겁 이래 다섯 갈래 길을 전전하면서 근심 고통을 끊지 못하여 태어날 때 고통을 겪고, 늙을 때 또한 고통을 겪으며, 병들어 극심한 고통을 겪고, 죽을 때 극심한 고통을 겪느니라. 몸에 악취가 나서 깨끗하지 못하니, 즐겁다고 말할 수 없느니라. 그대들은 스스로 결단하여 마음의 때를 씻고, 언행을 성실히 하고 신뢰를 지켜야 하며, 겉과 속이 상응해야 하느니라. 이러한 사람은 스스로를 제도하고 서로 번갈아 도와주고 구제할 수 있느니라.

지극한 마음으로 발원하고 구하여 선근의 근본을 쌓으면, 비록 한 세상 부지런히 고행 정진하더라도 잠깐

사이일 뿐, 나중에 무량수불의 국토에 태어나 즐거움이 끝이 없을 것이고, 생사윤회의 뿌리를 영원히 뽑아버려 다시는 고통번뇌의 우환이 없을 것이며, 수명이 천만 겁이고 뜻하는 대로 자재할 것이니라.

그대들은 각자 정진하여 마음에 발원한 극락왕생을 구해야 하고, 의심을 품고 도중에 후회하지 말라. 그러면 자신에게 허물이 되니, 나중에 저 극락 변지, 칠보성에 태어나서 5백 년 동안 여러 액난을 받게 될 것이니라."

미륵보살이 부처님께 아뢰길, "부처님의 밝은 가르침을 받았사오니, 전일하고 순수하게 수학하고 가르침대로 봉행하여 감히 의심하지 않겠습니다."

제35품 오탁악세의 다섯 가지 악 · 고통 · 불길

부처님께서 미륵보살에게 말씀하시길, "그대들이 이 세상에서 마음을 바르게 하고 뜻을 참되게 하여 온갖 악을 짓지 않는다면 참으로 대덕이 될 것이니라. 왜 그러한가? 시방세계에는 선이 많고 악이 적어서 쉽게 법문하고 쉽게 교화하지만, 오직 이 다섯 가지 악이 가득한 사바세계만이 가장 괴로움이 극심하니라. 지금 내가 이곳에서 부처가 되어 중생들을 교화하여, 다섯 가지 악을 버리고, 다섯 가지 고통을 없애고, 다섯 가지 불길을 여의게 하여 그 뜻을 조복시키고 교화시켜서, 다섯 가지 선을 지니게 하여 복덕을 얻게 할 것이니라.

무엇이 다섯인가 하면, 그 첫째 악은 세간의 여러 중생들이 자신의 욕망에 따라 온갖 악을 짓는 것으로 강한 자는 약한 자를 억누르고, 서로 번갈아 견제하고 살해하며, 잔혹하게 죽이고 부상을 입히며, 서로 먹고 먹히기만 할 뿐, 선을 행해야 함을 알지 못하여 나중에 무서운 벌을 받게 되느니라. 이런 까닭에 가난한 자와 거지, 고아와 독거노인, 귀머거리와 장님, 벙어리와 백치, 추악한 자와 절름발이, 정신병자 등이 있나니, 이는 모두 이전 세상에서 도덕을 믿지 않았고, 기꺼이 선을 행하려고 하지 않았기 때문이니라.

세간에는 존귀한 자와 부유한 자, 현명한 자와 장자, 지혜롭고 용맹하며 재능이 뛰어난 자 등이 있나니,

이는 모두 지난 세상에서 자비와 효를 행하여 선을 닦고 덕을 쌓았기 때문이니라.

세간에는 이렇게 눈앞에 나타나는 일들이 있어 목숨이 다한 후 어두운 저승에 들어가 몸을 받아 다시 태어나니, 몸의 형상이 바뀌고 육도가 바뀌게 되느니라. 이런 까닭에 지옥과 금수, 기거나 날거나 꿈틀거리는 벌레의 권속이 있나니, 비유컨대 세간의 법으로 감옥에 들어가 격심한 고통과 극형을 받는 것처럼 영혼은 그 죄업에 따라 삼악도로 가서 고통을 받으며 그곳에서 받는 수명은 길기도 하고 짧기도 하느니라. 또한 원수와 빚쟁이처럼 서로 쫓아다니면서 같은 곳에 태어나 서로 보상을 받으려 하는데, 재앙과 악업이 다하기 전에는 끝내 여읠 수 없어 그 가운데 전전하면서 여러 겁이 지나도록 벗어나기 어려우며 해탈을 얻기도 어려우니, 그 고통은 이루 다 말할 수 없느니라.

천지간에 저절로 이러한 일이 있으니, 비록 즉시 갑작스럽게 과보를 받지 않는다 하더라도 선악은 반드시 과보를 받게 되느니라.

그 둘째 악은 세상 사람들은 법도를 따르지 않고 사치

하고 음란하며, 교만하고 방종하며 제멋대로 방자하게 행동하고, 윗자리에 있으면서 밝지 못하고, 지위가 있어도 바르지 않아서 다른 사람들을 모함하고 억울한 누명을 씌워, 성실하고 착하게 살아가는 사람들에게 손해를 끼치며, 마음과 입이 각기 달라서 허위로 속이는 일이 많으며, 윗사람이거나 아랫사람이거나 가족이거나 바깥사람이거나 서로 속고 속이고 있느니라. 성내고 어리석어서 스스로 자기를 이롭게 하고자 더욱 탐내고 더 많이 소유하려 하다가 이익과 손해, 승리와 패배가 서로 엇갈려서, 마침내 화를 참지 못해 서로 원수가 되고, 집안이 풍비박산이 나며, 자신이 망가져 버려도 도무지 앞뒤를 돌아볼 줄 모르니라.

어떤 사람은 부유하면서도 인색하여 도무지 베풀려고 하지 않고, 탐심이 무거워서 더 가지고 싶은 마음에 마음은 수고롭고 몸이 고달파도 끝내 따르는 것은 하나도 없고, 선악의 업력으로 화와 복만이 몸을 받을 때마다 따라다녀서 즐거운 곳에 태어나기도 하고, 고통스러운 곳에 태어나기도 하느니라. 또한 어떤 사람은 선한 이를 보면 오히려 미워하고 헐뜯으려고만

할 뿐 공경하거나 배우고 싶은 마음이 없으며, 늘 빼앗고자 하는 마음을 품고 남의 이익과 재물을 빼앗아 자신이 사용하고, 모두 사용한 후에도 거듭 빼앗으려고 하느니라.

이러한 사람들은 신명(아뢰야식)에 반드시 기록되어 끝내 악도에 들어가니, 저절로 삼악도를 윤회하면서 무량한 고뇌를 겪게 되고, 그 가운데 전전하면서 여러 겁이 지나도록 벗어날 수 없어 그 고통은 이루 다 말할 수 없느니라.

그 셋째 악은 세상 사람들이 서로간의 업인에 기대어 태어나기 때문에 그 수명이 길어야 얼마나 되겠는가? 착하지 않은 사람은 몸과 마음이 올바르지 않아 늘 음란한 마음을 품고, 늘 방탕하게 놀 생각만 하여 욕망의 불꽃이 타올라 가슴 속에 가득하며, 음란한 행동이 바깥으로 드러나서 집안 재산을 다 탕진할 때까지 법도에 어긋난 일을 저질러도 추구해야 할 일을 오히려 행하려고 하지 않느니라.

또한 어떤 사람들은 나쁜 이들과 결탁해 무리를 모아 군사를 일으켜 서로 싸우고 공격하며, 사람들을 겁탈하고 죽이며 강탈하고 협박하며, 여기서 얻은 재물을 자신의 처자 권속에게 쓰고 몸이 망가지도록 쾌락을 쫓기 때문에 사회대중이 모두 증오하고 싫어하느니라. 이 때문에 그들은 환난을 만나게 되어서 고통을 겪게 될 것이니라.

이와 같이 악한 사람들은 인간과 귀신에게도 환히 드러나고, 신명(아뢰야식)에 기록되어 저절로 삼악도에 들어가서 무량한 고뇌를 겪게 되느니라. 이렇게 삼악도 가운데 전전하면서 여러 겁이 지나도록 벗어날 수 없으니, 그 고통은 이루 다 말할 수 없느니라.

그 넷째 악은 세상 사람들이 선행을 닦아야 한다고 생각하지 않아서 이간질하는 말과 거친 말, 거짓말과 현혹시키는 말로써 착한 사람을 미워하고 질투하며, 현명한 사람을 헐뜯고, 부모님께 불효하고, 스승과 어른을 낮추어 보아 버릇없이 굴며, 친구에게 신의가 없어 성실하다고 인정받지 못하느니라.

그들은 스스로 존귀하고 잘났다고 생각하며, 자신에게 진리가 있다고 말하느니라. 또한 제멋대로 행동하고 위세를 부리며, 다른 사람의 인격을 침범하여 그들이 자신을 두려워하고 공경하길 바라면서, 스스로 부끄러워하거나 두려워할 줄 모르느니라.

그들은 조복시키거나 교화시키기 어렵나니, 늘 교만한 마음을 품고 있어 전생에 지은 복덕으로 아무 탈 없이 살고 있지만, 금생에 악업을 지어 그 복덕이 다 소멸되면 수명이 다해 죽을 때 온갖 악업에 에워싸여 돌아가느니라.

또한 악인의 모든 죄업은 신명(아뢰야식)에 기록되어 있어 자신이 지은 죄업이 끌어 당겨서 온갖 재앙으로부터 도망치거나 벗어날 길이 없고, 단지 전생에 지은 과보에 의해 지옥의 불가마 솥으로 끌려가 몸과 마음이 망가지고 부서지는 극심한 고통을 받게 되느니라. 그때 아무리 후회해도 이미 돌이킬 수가 없느니라.

그 다섯째 악은 세상 사람들이 범사에 머뭇거리고 게을러서 기꺼이 착한 일을 하지 않으려 하고 몸을 다스려 선업을 닦으려고 하지 않느니라. 부모님이 가르치고 타일러도 듣지 않고 오히려 빗나가고 반항하며 마치 원수처럼 지내니, 차라리 자식이 없는 것만 못하느니라. 은혜를 저버리고 의리도 없으며 보답하여 갚고자 하는 마음도 없느니라.

마음이 방자하여 제멋대로 놀고, 술에 빠져 살고 맛난 음식만 밝히며, 걸핏하면 다른 사람과 충돌하고, 다른 사람의 사정도 배려하지 않으며, 의리도 없고 무례하여 그 누구도 타일러 깨우칠 수 없느니라. 집에 필요한 살림살이가 있는지 없는지 전혀 돌보지 않으며, 부모님의 은혜도 모르고 스승이나 친구에 대한 도리도 없느니라.

그들은 마음으로도 몸으로도 말로도 일찍이 한 번도 착한 일을 한 적이 없느니라. 그래서 제불의 경전과 설법을 믿으려 하지 않고, 생사윤회를 벗어날 수 있음과 선악인과의 도리도 믿지 않느니라. 나아가 진인(아라한)을 해치려고 하고 승가를 교란시키려고 하느니라. 어리석고 무지몽매하면서도 오히려 스스로 지혜롭다고 여기느니라. 그래서 그들은 태어날 때 어디에서 왔는지, 죽을 때 어디로 떠나가는지 알지도 못하느니라. 그래서 마음이 어질지도 않고 이치에 순응하지도 않으면서 오래 살길 바라느니라.

그들은 자비심으로 가르치고 타일러도 도무지 믿으려

하지 않고, 쓴소리로 말해도 그 사람에게 아무런 이익도 없느니라. 이렇듯 그들은 두터운 번뇌에 마음이 꽉 막혀서 아무리 좋은 말을 해도 마음속이 열리고 풀리지 않느니라. 이러한 사람도 그 수명이 다할 때 뉘우치고 두려워하나, 뒤늦게 후회한들 이제 와서 무슨 소용이 있겠는가?

천지간에는 지옥·아귀·축생·인간·천인의 다섯 갈래 길이 분명하게 나누어져 있어 선과 악을 지으면 그 과보로 화와 복이 서로 이어지며, 자신이 지은 업은 자신이 받게 되어서 그 누구도 대신하지 못하느니라.

선한 사람은 착한 일을 행하여 즐거움에서 즐거움으로 들어가고, 밝음에서 밝음으로 들어가지만, 악한 사람은 나쁜 짓을 저질러 괴로움에서 괴로움으로 들어가고, 어두움에서 어두움으로 들어가나니, 누가 이러한 이치를 알 수 있겠는가? 오직 부처님만이 알고 계실 뿐이니라.

불법의 가르침을 열어 보이셨으나 이를 믿고 행하는 사람은 적나니, 쉬지 않고 생사에 윤회하고 끊임없이 악도에 떨어지느니라. 이와 같은 사람들이 많고 많아서 이루 다 말할 수 없느니라. 그런 까닭에 저절로 삼악도에서 무량한 고뇌를 겪게 되느니라. 그 가운데 전전하면서 세세 누겁에 벗어날 기약이 없고 해탈할 수도 없으니, 그 고통은 이루 다 말할 수조차 없느니라.

이와 같은 다섯 가지 악 · 다섯 가지 고통 · 다섯 가지 불길은 비유컨대 큰 불이 타올라 몸을 태우는 것과 같으니라. 만약 스스로 그 가운데 일심으로 마음을 제어하고, 몸을 단정히 하고 생각을 바르게 하며, 언행이 서로 부합하며, 지은 바가 지극히 성실하며, 오직 일체 선을 짓고 어떤 악도 행하지 않으면, 그 몸은 홀로 생사를 벗어나서, 그 복덕을 얻고 장수를 누리며 니르바나의 도를 성취하게 되리니, 이것이 다섯 가지 큰 선이니라."

제36품 거듭 가르치고 권하시다

부처님께서 미륵보살에게 말씀하시길, "내가 그대들에게 말한 것처럼 이렇게 다섯 가지 악 · 다섯 가지

고통·다섯 가지 불길이 번갈아 가며 서로 인연이 되어 생겨나니, 감히 이러한 악을 저지르면 삼악도를 겪어야만 하느니라.

어떤 이는 지금 세상에서 중병에 걸리는 재앙을 먼저 받아, 죽고 싶어도 죽을 수 없고 살고 싶어도 살수 없는 참혹한 지경에 처하나니, 이러한 나쁜 과보를 드러내어 대중들에게 모두 보여주느니라. 어떤 이는 목숨이 다한 후에 삼악도에 들어가 슬픔과 고통, 지극히 참혹한 과보를 받게 되나니, 자신의 업력에 이끌려 지옥의 불길이 거세게 타오르느니라.

원수들은 함께 모여 서로 해치고 죽이려고 하나니, 이러한 원한은 미세한 업인에서 시작되어 크나큰 곤란과 극렬한 보복으로 바뀌느니라. 이는 모두 재물과 색욕에 탐착하여 보시를 베풀려고 하지 않고, 각자 자신의 쾌락만 탐하여 더 이상 도리에 맞는지 틀린지 이해하지 못하기 때문이니라. 어리석음과 욕망에 떠밀려 자신만 중히 여기고 싸워서 이익을 취하려고 하며, 이렇게 부귀영화를 얻어 당장의 쾌락만을 즐길 뿐, 인욕할 줄 모르고 선을 닦는데 힘쓰지 않아 그

위세는 얼마 가지 않아 악업을 따라서 닳아져 없어지느니라.

인과응보의 천도에 따라 운행되어 저절로 바로잡아 단속하니, 악업이 무거워 과보가 바로 나타나면 의지할 곳도 없어 놀라고 당황하며 반드시 삼악도로 들어가야 하느니라. 예나 지금이나 모두 이러하니, 너무나 괴로워하는 모습에 가슴 아파하시느니라.

그대들은 불경의 말씀을 얻었으니, 이를 깊이 사유하고, 각자 스스로 몸과 뜻을 단정히 하고 가르침을 준수하여 목숨이 다할 때까지 게을리 해서는 안 되느니라. 성인을 존중하고 선지식을 공경하며, 인자·박애의 정신으로 세상을 제도하길 구하여, 생사에 윤회하며 짓는 온갖 악의 뿌리를 뽑아 버리고, 삼악도에서 근심과 공포의 고통을 겪는 육도윤회를 여의어야 하느니라.

그대들이 선을 행함에 무엇이 첫째인가? 스스로 마음을 단정히 하여야 하고, 스스로 몸을 단정히 하여야 하며, 귀와 눈과 코와 입 모두를 스스로 단정히 하여야 하느니라. 몸과 마음을 청결히 하여서 선과 상응하게 하고, 욕심을 따르지 말아서 갖가지 악을 범하지 말아야 하느니라. 부드러운 말과 온화한 얼굴빛을 지닐 것이며, 신행을 전일하게 할 것이며, 동작을 살펴보아 안정되고 천천히 행해야 하느니라.

서둘러서 급하게 일하면, 실패하고 후회할 것이며, 진실하게 행하지 않으면 그 수행한 공을 잃어버리게 되느니라."

제37품 가난한 사람이 보배 얻듯이 소중히 하라

"그대들은 널리 공덕의 근본을 심어야 하며, 진리와 금계를 범하지 말아야 하고, 인욕하고 정진하며, 자애로운 마음으로 대하고, 전일하게 뒤섞지 말고 수행해야 하느니라. 재를 봉행하고 계행을 지키며 청정심으로 하루 밤낮 동안 수행한다면, 무량수불의 국토에서 백 년 동안 선을 닦는 것보다 수승하니라. 왜 그러한가? 저 불국토의 중생들은 모두 덕을 쌓고 온갖 선을 닦아서 털끝만큼도 악이 없기 때문이니라.

이 세상에서 열흘 밤낮 동안 선을 닦는다면, 타방세계

제불국토에서 천 년 동안 선을 행하는 것보다 수승하니라. 왜 그러한가? 타방세계 불국토에는 복덕이 저절로 이루어져 악을 지을 곳이 없기 때문이니라.

오직 이 세간만이 선은 적고 악은 많아서, 괴로움을 마시고 번뇌를 밥 먹듯이 하면서 한 번도 제대로 편안하게 쉬어 본적이 없느니라. 그래서 내가 그대들을 불쌍히 여겨 고심해서 가르치고 설명하여 경법을 전수하나니, 모두 수지하여 사유하고, 모두 봉행하도록 하라. 윗사람이거나 아랫사람이거나 가족 권속들이거나 아는 지인들에게 서로 이 가르침의 말씀을 전하도록 하라. 스스로 약속하고 점검하여, 화해하고 수순하며, 공정하고 합리적으로 살아가도록 하라. 그리하여 범사에 기뻐하고 즐거워하며, 모든 이에게 자애로워 효의 마음이 가득하도록 하라.

자신이 행한 일에 과실을 범했다면 스스로 참회하여 악을 없애고 선으로 나아가며, 아침에 들었으면 저녁에 고쳐야 하느니라. 계율을 경전처럼 받들어 지키기를 마치 가난한 사람이 보배 얻듯이 소중히 하여, 과거의 악행을 고치고 미래의 선행을 닦아야 하느니

라. 마음속의 때를 깨끗이 씻고 행동을 바꾼다면 부처님께서 저절로 감응하여 가피를 내리실 것이니, 원하는 바를 모두 얻게 될 것이니라.

부처님의 가르침이 작용하는 곳은 국가나 대도시나 지방도시나 마을에 이르기까지 교화를 입지 않은 곳이 없어 천하가 화평하고, 해와 달이 청명하며, 비바람이 때에 맞추어 불고, 재난이 일어나지 않으며, 나라는 풍요롭고 국민은 편안하여 병사와 무기를 쓸 일이 없느니라. 또한 사람들은 도덕을 숭상하고, 인자한 사랑을 베풀며, 힘써 예절과 겸양을 닦아, 나라에 도적이 없으며, 원망하고 억울한 사람이 없으며, 강한 자가 약한 자를 능멸하지 않고, 각자 자신의 자리를 잡느니라. 이처럼 내가 그대들을 불쌍히 여기는 마음은 부모가 자식을 생각하는 것보다 더 하느니라.

나는 이 세상에서 부처가 되어 선으로써 악을 다스려 생사의 괴로움을 뽑아버리고, 다섯 가지 덕을 얻고 무위의 안온한 자리에 오르도록 할 것이니라.

내가 이 세상에서 반열반에 든 후 경전에서 말씀하신 도가 점점 사라지게 될 것이니라. 사람들은 아첨하고 속이며, 다시 온갖 악을 지어서 오랜 후에 다섯 가지 불길과 다섯 가지 고통이 극에 달할 것이니, 그대들은 서로 가르쳐 주고 훈계하며, 불경에서 말씀하신 법대로 행하고 어겨서는 안 될 것이니라."

이에 미륵보살은 합장하고 말씀드리길, "세상 사람들이 다섯 가지 악을 지어 얻는 다섯 가지 고통과 다섯 가지 불길의 괴로운 과보는 이와 같고, 이와 같습니다. 부처님께서는 널리 자비를 베푸시고 불쌍히 여기시어, 모든 중생들이 고통의 바다에서 벗어나길 바라십니다. 이제 부처님의 간곡하신 가르침을 받았으니, 감히 거스르거나 잃어버리는 일이 없도록 하겠습니다."

불설대승무량수장엄청정평등각경

여빈득보배 제삼십칠 終

발일체업장근본득생정토신주

나무아미다바야 다타가다야 다지야타 아미리 도바비 아미리다 신담바비 아미리다 비가란제 아미리다 비가란다 가미니 가가나 지다가리 사바하 (세 번)

찬불게

아미타불 청정법신 금빛으로 찬란하고
거룩하신 상호광명 짝할이가 전혀없네

아름다운 백호광명 수미산을 둘러있고
검고푸른 저눈빛은 사해바다 비추시며
광명속에 화신불이 한량없이 많으시고
보살도를 이룬사람 또한 그지없나이다

중생제도 이루고자 사십팔원 세우시고
구품으로 중생들을 피안으로 이끄시네
나무서방극락세계 대자대비 아미타불

나무아미타불

(염불 수에 따라 백 번 내지 천 번 하고 다시 4자염불로 바꾼다)

아미타불 (백 · 천 번)

나무관세음보살

나무대세지보살

나무청정대해중보살 (세 번)

자운참주 정토문

일심으로 극락세계 아미타부처님께 귀명하옵니다. 바라옵건대 청정한 광명으로 저를 비추어 주시옵고, 자비로운 서원으로 저를 섭수하여 주시옵소서. 제가 지금 정념으로 여래의 명호를 불렀사오니, 보리도를 위하여 정토에 태어나길 구하옵니다.

부처님께서 과거에 세운 본원에, "만약 중생이 저의 국토에 태어나길 발원하여 지극한 마음으로 믿고 좋아하며 내지 십념에 왕생하지 못한다면 정각을 성취하지 않겠나이다." 하셨나이다.

이 본원에 의지하여 염불한 인연으로 아미타여래 큰 서원의 바다 가운데에 들어가, 아미타부처님의 자비하신 위신력을 받아 온갖 죄를 소멸하고, 선근이 증장하게 하옵소서.

임종이 다가오면 왕생할 때가 이르렀음을 스스로 알아, 몸에는 병고가 없고, 마음은 탐욕과 미련에 집착하지 않고, 의식은 선정에 드는 듯 뒤바뀌지 않으며, 아미타부처님과 극락성중이 연화좌를 가지고 맞이하러 오시어 저를 접인해 주시어 일념의 순간에 극락국토에 태어나게 하시고, 연꽃이 피면 아미타부처님 뵈옵고 일불승의 가르침을 듣고는 단박에 부처님 지혜가 열려 널리 중생을 제도하고 보리의 원을 이루게 하옵소서.

시방삼세일체불 일체보살마하살 마하반야바라밀

보현보살 경중계警衆偈

오늘 하루 이미 저물어서
수명 또한 따라 줄어드니,
작은 물에 노는 고기처럼
어떤 즐거움이 있겠는가?

사바 세상사는 대중들아,
힘써 부지런히 정진하라!
머리에 타는 불을 끄듯이
「무상」 두 글자를 염할 뿐
삼가 방일치 말지어다!

삼귀의

부처님께 귀의하와 바라노니 모든중생
큰이치 이해하고 위없는맘 내어지이다

(절하고 일어난다)

법보에게 귀의하와 바라노니 모든중생
삼장속에 깊이들어 큰지혜 얻어지이다

(절하고 일어난다)

승가에게 귀의하와 바라노니 모든중생
많은대중 통솔해 온갖장애 없어지이다
거룩하신 모든 성중에게 예경하나이다

(절하고 일어난다)

(합장하고 인사한다)

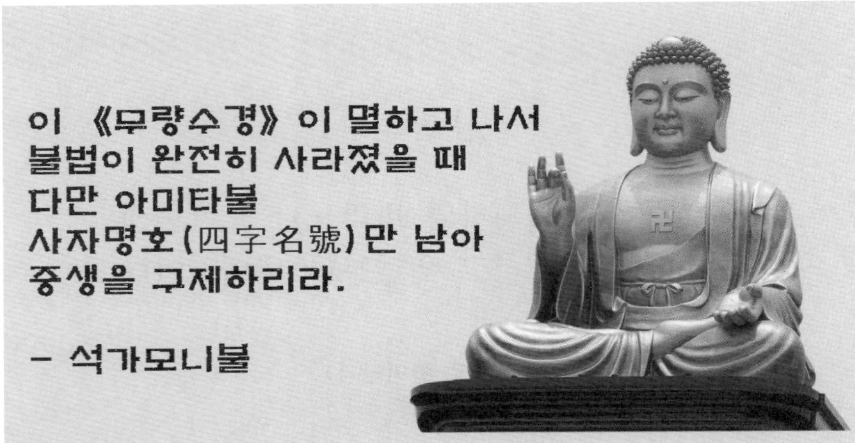

佛所行處國邑丘聚靡不蒙化天下和順日
月清明風雨以時災厲不起國豐民安兵戈
無用崇德興仁務修禮讓國無盜賊無有
怨枉強不凌弱各得其所

一九九一年仲春恭錄大乘無量壽經 淨空

부처님의 가르침이 작용하는 곳은
국가나 대도시나 지방도시나 마을에 이르기까지
교화를 입지 않은 곳이 없어 천하가 화평하고,
해와 달이 청명하며, 비바람이 때에 맞추어 불고,
재난이 일어나지 않으며, 나라는 풍요롭고
국민은 편안하여 병사와 무기를 쓸 일이 없느니라.
또한 사람들은 도덕을 숭상하고, 인자한 사랑을 베풀며,
힘써 예절과 겸양을 닦아, 나라에 도적이 없으며,
원망하고 억울한 사람이 없으며, 강한 자가 약한 자를
능멸하지 않고, 각자 자신의 자리를 잡느니라.
-무량수경

정수첩요
淨修捷要

[오념간과]
五念簡課

향찬(香讚)

간절한 마음으로 불보살님께 향을 공양하며 찬탄합니다.

계정진향(戒定眞香) 건성수공양(虔誠修供養) 보령문훈(普令聞熏) 선근개증상(善根皆增上)

향기심광(香氣心光) 실변만시방(悉遍滿十方) 성감불자(誠感佛慈) 가호항길상(加護恒吉祥)

계율·선정의 진향으로 삼가 경건하게 정성 다해 수행하여 공양하옵나니, 널리 저희들로 하여금 듣고 훈습시켜 선근이 모두 자라나게 하옵소서. 향기와 심광이 시방세계에 두루 가득하고 저희들 정성 간절하오니, 부처님께서 자비로 감응하시어 저희들을 가호하시고 늘 길상케 하옵소서.

나무향운개보살마하살(南無香雲蓋菩薩摩訶薩) (3칭)

제1배 사바세계 스승님

일심관례 사바교주 구계도사 여래세존 어오탁세 팔상성도 흥대비
一心觀禮 娑婆教主 九界導師 如來世尊 於五濁世 八相成道 興大悲

민유정 연자변 수법안 두악취 개선문 선설이행난신지법 당래일체
憫有情 演慈辯 授法眼 杜惡趣 開善門 宣說易行難信之法 當來一切

함령 개의차법 이득도탈 대은대덕 본사석가모니불
含靈 皆依此法 而得度脫 大恩大德 本師釋迦牟尼佛

한마음으로 관하며 예배하옵니다. 사바세계의 교주이시며 구법계의 도사이신 여래 세존께서는 오탁악세에서 팔상으로 성도하시고, 대비심을 일으켜서 유정들을 불쌍히 여기시며, 자비한 변재로 연설하여 법안을 뜨게 하시고, 삼악도의 길을 막고 삼선도의 문을 열어주시며, 행하기는 쉬우나 믿기는 어려운 법을 선설하시나니, 오는 세상에 일체 함령들이 모두 이 법에 의지하여 해탈을 얻게 될 것입니다. 은혜가 크시고 공덕이 크신 우리들의 스승이신 석가모니부처님이시여!

나무본사석가모니불 (1 배 3 칭)
南無本師釋迦牟尼佛

제2배 극락세계 스승님

일심관례 극락교주 인지문법 즉발무상정각지심 주진실혜 서발근고
一心觀禮 極樂教主 因地聞法 即發無上正覺之心 住眞實慧 誓拔勤苦

생사지본 기국연왕 행작사문 호왈법장 수보살도 어무량겁 적식덕
生死之本 棄國捐王 行作沙門 號曰法藏 修菩薩道 於無量劫 積植德

행 소발수승대원 실개원만성취 명구만덕 성문시방 접인도사 아미
行 所發殊勝大願 悉皆圓滿成就 名具萬德 聲聞十方 接引導師 阿彌

타불
陀佛

한마음으로 관하며 예배하옵니다. 극락세계의 교주께서는 인지에서 설법을 듣고 곧 무상정각의 마음을 내시고, 진실의 지혜에 머무시며, 수고로이 고통 짓는 생사의 근본 뿌리를 뽑아버리길 맹서하시어, 국왕의 자리를 버리고 출가하여 사문이 되셨으니, 명호가 법장이었고 보살도를 닦으셨습니다. 무량겁에 덕행을 쌓고 심었으며, 발한 수승한 대원을 모두 다 원만히 성취하여 아미타불 명호에 만덕을 갖추셨나니, 시방세계 제불께서 다 같이 칭양·찬탄하여 시방세계 중생들로 하여금 모두 다 그 명호를 듣게 하십니다. 극락세계로 접인하여 이끄시는 스승 아미타부처님이시여!

나무아미타불 (1 배 3 칭)
南無阿彌陀佛

제3배 극락세계

일심관례 종시서방 거차세계 과십만억불토 유불세계 명왈극락 법
一心觀禮 從是西方 去此世界 過十萬億佛土 有佛世界 名曰極樂 法

장성불 호아미타 명무량수 급무량광 여래응정등각 십호원만 안온
藏成佛 號阿彌陀 名無量壽 及無量光 如來應正等覺 十號圓滿 安隱

주지 구족장엄 위덕광대 청정불토 아미타불
住持 具足莊嚴 威德廣大 清淨佛土 阿彌陀佛

한마음으로 관하며 예배하옵니다. 여기서 서방으로 이 사바세계를 떠나 십만 억 불국토를 지나가면 부처님 세계가 있나니, 「극락」이라 이름합니다. 법장 비구가 성불하셨나니, 명호를 「아미타」라 합니다. 아미타부처님께서는 무량수불 · 무량광불이라 이름하며 여래 · 응공 · 정등각 십호가 원만하시고, 지금 극락세계에서 안온히 주지하시면서 일체 장엄을 완전히 구족하시고, 위덕이 광대하십니다. 청정불토에 계신 아미타부처님이시여!

나무아미타불 (1 배 3 칭)
南無阿彌陀佛

제4배 법신 의정장엄

일심관례 청정법신 변일체처 무생무멸 무거무래 비시어언분별지소
一心觀禮 淸淨法身 遍一切處 無生無滅 無去無來 非是語言分別之所
능지 단이수원도생 현재서방극락세계 상적광토 접인법계중생 리사
能知 但以酬願度生 現在西方極樂世界 常寂光土 接引法界衆生 離娑
바고 득구경락 대자대비 아미타불
婆苦 得究竟樂 大慈大悲 阿彌陀佛

한마음으로 관하며 예배하옵니다. 아미타부처님의 청정한 법신께서는 일체 처에 두루 계시고, 생함도 멸함도 없고 가고 옴도 없나니, 이는 언어로 분별하여 알 수 있는 바가 아닙니다. 현재 서방극락세계 상적광토에서 법계의 중생을 접인하시어 사바세계의 괴로움을 여의고 구경의 즐거움을 얻도록 하십니다. 대자대비하신 아미타부처님이시여!

나무아미타불 (1 배 3 칭)
南無阿彌陀佛

제5배 보불신토

일심관례 원만보신 소거지처 영무중고제난악취마뇌지명 역무사시
一心觀禮 圓滿報身 所居之處 永無衆苦諸難惡趣魔惱之名 亦無四時
한서우명지이 관광평정 미묘기려 초유시방일체세계 실보장엄정토
寒暑雨冥之異 寬廣平正 微妙奇麗 超逾十方一切世界 實報莊嚴淨土
아미타불
阿彌陀佛

한마음으로 관하며 예배하옵니다. 원만보신께서 거하시는 곳은 온갖 괴로움과 모든 고난, 악취와 마장 · 번뇌의 이름도 영원히 없고, 또한 사계절, 추위와 더위, 흐리고 비 오는 등의 기후변화가 없으며, 땅은 넓고 반듯하여 한계가 없고, 미묘 · 기특하여 아름다우며, 청정 장엄이 시방 일체 세계를 뛰어넘습니다. 실보장엄 정토에 계신 아미타부처님이시여!

나무아미타불(南無阿彌陀佛) (1 배 3 칭)

제6배 수명과 광명이 무량하다

일심관례(一心觀禮) 수명무량(壽命無量) 광명무량(光明無量) 보살제자(菩薩弟子) 성문천인(聲聞天人) 수명실개무량(壽命悉皆無量) 국(國)
토(土) 명자(名字) 도승시방(都勝十方) 무쇠무변(無衰無變) 건립상연(建立常然) 수승희유(殊勝希有) 아미타불(阿彌陀佛)

한마음으로 관하며 예배하옵니다. 아미타부처님께서는 수명이 무량하고 광명이 무량하며, 보살제자 · 성문 · 천인의 수명도 모두 무량합니다. 국토와 이름은 모두 시방세계보다 수승하고, 건립된 국토는 영원히 변치 않아 일체만물이 쇠하지도 않고 변하지도 않으며, 수승하고 희유합니다. 수명과 광명이 무량하신 아미타부처님이시여!

나무아미타불(南無阿彌陀佛) (1배 3칭)

제7배 광명 중에 지극히 존귀하다

일심관례(一心觀禮) 무량수불(無量壽佛) 역호무량광불(亦號無量光佛) 역호무변광(亦號無邊光) 무애광(無礙光) 무등광(無等光) 역호(亦號) 지혜광(智慧光) 상조광(常照光) 청정광(淸淨光) 환희광(歡喜光) 해탈광(解脫光) 안온광(安隱光) 초일월광(超日月光) 불사의광(不思議光) 광중극존(光中極尊) 불중지왕(佛中之王) 아미타불(阿彌陀佛)

한마음으로 관하며 예배하옵니다. 무량수불께서는 또한 명호가 무량광불이고, 또한 명호가 무변광불 · 무애광불 · 무등광불이고, 또한 명호가 지혜광 · 상조광 · 청정광 · 환희광 · 해탈광 · 안온광 · 초일월광 · 부사의광이십니다. 광명 중에 지극히 존귀하며, 부처님 중의 왕이신 아미타부처님이시여!

나무아미타불(南無阿彌陀佛) (1배 3칭)

제8배 위신광명으로 두루 제도하다

일심관례 무량광수 여래세존 광명보조시방세계 중생유연우사광자
一心觀禮 無量光壽 如來世尊 光明普照十方世界 衆生有緣遇斯光者

구멸선생 신의유연 소유질고막불휴지 일체우뇌막불해탈 여시위신
垢滅善生 身意柔軟 所有疾苦莫不休止 一切憂惱莫不解脫 如是威神

광명 최존제일 시방제불소불능급 아미타불
光明 最尊第一 十方諸佛所不能及 阿彌陀佛

한마음으로 관하며 예배하옵니다. 무량광 무량수 여래세존께서 광명을 널리 시방세계에 비추시니, 인연이 있어 그 광명을 보는 중생들은 마음의 때가 멸하고, 선한 마음이 생겨나며, 몸과 뜻이 부드러워지고, 모든 질병의 괴로움이 멈추지 않은 이가 없으며, 일체의 근심과 번뇌 또한 벗어나지 않는 이가 없습니다. 이와 같은 위신 광명이 가장 존귀하고 제일로 뛰어나서, 시방제불은 미칠 수 없습니다. 위신광명으로 중생들을 두루 제도하시는 아미타부처님이시여!

나무아미타불 (1 배 3 칭)
南無阿彌陀佛

제9배 부처님께 예배드리니 광명을 나타내시다

일심관례 극락세계 교주본존 어피고좌 위좌외외 상호광명 일체경
一心觀禮 極樂世界 教主本尊 於彼高座 威座巍巍 相好光明 一切境

계 무불조견 여황금산 출어해면 기중만물 실개온폐 유견불광 명요
界 無不照見 如黃金山 出於海面 其中萬物 悉皆隱蔽 唯見佛光 明耀

현혁 유무수성문보살공경위요 아미타불
顯赫 有無數聲聞菩薩恭敬圍繞 阿彌陀佛

한마음으로 관하며 예배하옵니다. 극락세계의 교주이신 본존 아미타부처님께서는 저 높은 연화대에 앉아계시며 드높은 위덕을 드러내시고 상호에서 광명을 놓아 일체 경계에 두루 비추지 않는 곳이 없습니다. 마치 황금 산처럼 바다 수면 위로 솟아올라 그 가운데 만물이 모두 가려 덮이고, 오직 부처님의 광명만이 밝고 환하게 비추며, 무수한 성문과 보살들이 공경히 둘러싸고 있습니다. 극락세계 교주이신 본존 아미타부처님이시여!

나무아미타불 (1배 3칭)
南無阿彌陀佛

제10배 극락세계에 나타나 계시며 설법하시다

일심관례 극락세계 교주본존 금현재피 위제유정 선설심심미묘지법
一心觀禮 極樂世界 教主本尊 今現在彼 爲諸有情 宣說甚深微妙之法

영득수승이익안락 시방보살첨례문법 득몽수기 칭찬공양 아미타불
令得殊勝利益安樂 十方菩薩瞻禮聞法 得蒙授記 稱讚供養 阿彌陀佛

한마음으로 관하며 예배하옵니다. 극락세계의 교주이신 본존 아미타부처님께서는 지금 극락세계에 나타나 계시며, 모든 유정들을 위하여 위없이 높고 깊은 미묘한 법문을 선설하시어 중생으로 하여금 수승한 이익과 안락을 얻게 하시나니, 시방세계 보살들께서 우러러 보고 예배하며, 법을 듣고 수기 받으며, 칭양·찬탄하고 공양합니다. 극락세계 교주이신 본존 아미타부처님이시여!

나무아미타불 (1배 3칭)
南無阿彌陀佛

제11배 참선과 정토는 둘이 아니다

일심관례 불유심생 심수불현 심외무경 전불시심 경외무심 전타즉
一心觀禮 佛由心生 心隨佛現 心外無境 全佛是心 境外無心 全他卽

자 홍명정창자성 정토방현유심 감응도교 호응동시 십만억정 거차
自 洪名正彰自性 淨土方顯唯心 感應道交 呼應同時 十萬億程 去此

불원 심작심시 아미타불
不遠 心作心是 阿彌陀佛

한마음으로 관하며 예배하옵니다. 부처님께서는 마음으로 말미암아 생하고 마음은 부처님을 따라 나타나며, 마음 바깥에 경계가 없어 모두 함께

그대로 부처님이 마음이 되고, 경계 바깥에 마음이 없어 모두 함께 그대로 부처님이 곧 자기의 본원심성입니다. 나무아미타불 홍명이 자성을 바르게 드러내고, 극락세계 정토는 바야흐로 유심을 현현합니다. 중생의 기감에 아미타부처님께서 응현하시어 도가 교류하고 동시에 호응하나니, 십만억 노정을 떠나감에 이곳은 멀지 않습니다. 이 마음이 그대로 부처님을 이루고, 이 마음이 그대로 부처님이십니다. 극락세계 교주이신 본존 아미타부처님이시여!

나무아미타불(南無阿彌陀佛) (1 배 3 칭)

제12배 밀교와 정토는 둘이 아니다

일심관례(一心觀禮) 현밀일체(顯密一體) 신토불이(身土不二) 칭명무이지주(稱名無異持咒) 교주즉시본존(教主即是本尊) 대일차나(大日遮那) 동귀광수(同歸光壽) 화장(華藏) 밀엄(密嚴) 불리극락(不離極樂) 수궁삼제(竪窮삼際) 횡변십허(橫遍十虛) 아미타불(阿彌陀佛)

한마음으로 관하며 예배하옵니다. 현교와 밀교가 일체이고, 몸과 국토가 둘이 아니며, 칭명은 주문을 수지하는 것과 다름이 없습니다. 교주가 곧 본존 아미타부처님이시니, 대일여래 · 비로자나불께서 함께 무량광불 · 무량수불로 돌아가고, 화장세계와 밀엄세계가 극락세계를 여의지 않나니, 수직으로 과거 · 현재 · 미래 삼제를 다하고, 횡으로 시방허공에 두루 가득합니다. 극락세계 교주이신 본존 아미타부처님이시여!

나무아미타불 (1배 3칭)
南無阿彌陀佛

제13배 명호는 만법을 통섭한다

일심관례 육자통섭만법 일문즉시보문 전사즉리 전망귀진 전성기수
一心觀禮 六字統攝萬法 一門卽是普門 全事卽理 全妄歸眞 全性起修

전수재성 광학원위심입 전수즉시총지 성성환성자기 염념불리본존
全修在性 廣學原爲深入 專修卽是總持 聲聲喚醒自己 念念不離本尊

아미타불
阿彌陀佛

한마음으로 관하며 예배하옵니다. 나무아미타불 육자명호는 만법을 통섭하고, 일문에 깊이 들어감이 곧 보문이며, 전부 그대로 사상이 곧 이체이고, 전부 그대로 망상이 진여로 돌아가며, 전부

그대로 성덕이 수덕을 일으키고, 전부 그대로 수덕이 성덕에 존재합니다. 널리 배워 두루 찬탄함은 원래 일문에 깊이 들어가기 위함이고, 전일하게 수행함이 바로 총지이오니, 소리소리에 자기를 불러 깨우고, 생각생각에 본존을 여의지 않겠습니다. 극락세계 교주이신 본존 아미타부처님이시여!

나무아미타불 (1 배 3 칭)
南無阿彌陀佛

제14배 시각, 본각에 합하다

일심관례 무량광수 시아본각 기심념불 방명시각 탁피의정 현아자
一心觀禮 無量光壽 是我本覺 起心念佛 方名始覺 託彼依正 顯我自
심 시본불리 직추각로 잠이상위 편타무명 고지정변지해 수입중생
心 始本不離 直趨覺路 暫爾相違 便墮無明 故知正遍知海 雖入衆生
심상 적광진정 불섭일체정계 미묘난사 절대원융 아미타불
心想 寂光眞淨 不涉一切情計 微妙難思 絶待圓融 阿彌陀佛

한마음으로 관하며 예배하옵니다. 무량광불·무량수불께서는 저희들의 본각이오니, 마음을 일으켜 염불해야 비로소 시각이라 이름하고, 저 국토의 의보·정보를 의지하여야 저희들의 자심

이 현현하며, 시각이 본각을 여의지 않아야 구경각에 이르는 깨달음의 길로 곧장 달려갑니다. 잠시 여의어 서로 어긋나면 문득 무명에 떨어지나니, 정변지의 바다가 비록 모든 중생들의 심상에 들어갈지라도 적광은 진실로 청정하여 일체 정계情計에 관련되지 않음을 알겠습니다. 이러한 일은 미묘하여 생각하기 어렵고 절대 원융합니다. 극락세계 교주이신 본존 아미타부처님이시여!

나무아미타불 (1배 3칭)
南無阿彌陀佛

제15배 접인 받아 왕생하다

일심관례 만덕홍명 능멸중죄 과능일향전념 자연구장소제 불단도심
一心觀禮 萬德洪名 能滅衆罪 果能一向專念 自然垢障消除 不但道心
순숙 차가복혜증장 임명종시 성중현전 자비가우 영심불란 접인왕
純熟 且可福慧增長 臨命終時 聖衆現前 慈悲加祐 令心不亂 接引往
생극락세계 칠보지중 화개득견 아미타불
生極樂世界 七寶池中 花開得見 阿彌陀佛

한마음으로 관하며 예배하옵니다. 나무아미타불 여섯 자 만덕홍명은 능히 온갖 죄를 소멸시키나니, 만약 일향으로 전념하면 저절로 마음 속 때와

장애가 사라지고, 도심이 순숙해질 뿐만 아니라 복덕 · 지혜가 증장하며, 임종 시에 아미타 부처님께서 수많은 대보살들과 수많은 성중들과 저희들과 인연 있는 사람들과 함께 현전하여 부처님의 자비력으로 저희들을 가지하고 보우하시어 마음이 산란하지 않고 접인 받아 극락세계에 왕생하고, 칠보 연못 가운데 연꽃이 피어 아미타부처님을 친견할 것입니다. 극락세계 교주이신 본존 아미타부처님이시여!

나무아미타불 (1배 3칭)
南無阿彌陀佛

제16배 의보가 수승하다

일심관례 극락세계 덕풍화우 묘향천악 천지림수 보망영금 색광성
一心觀禮 極樂世界 德風華雨 妙香天樂 泉池林樹 寶網靈禽 色光聲
향 변만불토 성취여시공덕장엄 증익유정 수승선근 대원대력 아미
香 遍滿佛土 成就如是功德莊嚴 增益有情 殊勝善根 大願大力 阿彌
타불
陀佛

한마음으로 관하며 예배하옵니다. 서방정토 극락세계에는 공덕의 바람과 꽃비, 미묘한 향기와

하늘음악, 칠보연못과 칠보나무, 보배그물과 영묘한 새, 빛깔과 광명, 소리와 향이 불토에 두루 가득하고, 이와 같은 공덕장엄을 성취하여 유정들로 하여금 수승한 선근을 얻어 증장시키십니다. 대원대력 아미타부처님이시여!

나무아미타불 (1배 3칭)
南無阿彌陀佛

제17배 정정취에 머물다

일심관례 극락세계 황금지상 보수항간 연화지내 보루각중 발보리
一心觀禮 極樂世界 黃金地上 寶樹行間 蓮華池內 寶樓閣中 發菩提
심 염불왕생 주정정취 영불퇴전 용색미묘 초세희유 함동일류 무차
心 念佛往生 住正定聚 永不退轉 容色微妙 超世稀有 咸同一類 無差
별상 실시청허지신 무극지체 제상선인 개유일향전념아미타불
別相 悉是淸虛之身 無極之體 諸上善人 皆由一向專念阿彌陀佛

한마음으로 관하며 예배하옵니다. 극락세계 황금의 땅 위에, 줄지어선 보배 나무 사이에, 보배 연못 안에, 보배 누각 가운데 보리심을 발하고 염불하여 왕생한 사람들이 있나니, 그곳에서 정정취에 머물러 영원히 물러나지 않고, 얼굴색은 미묘하여 세간 사람들을 뛰어넘어 희유하며, 다

같은 부류이고, 생김새에 차이가 없으며, 모두 청허의 몸과 무극의 몸이나니, 이러한 상선인들은 모두 일향으로 아미타부처님을 전념하였기에 그렇습니다. 대원대력 아미타부처님이시여!

나무아미타불 (1배 3칭)
南無阿彌陀佛

제18배 일생보처의 대보살

일심관례 극락세계 보리수하 보난순변 문묘법음 획무생인 수용종
一心觀禮 極樂世界 菩提樹下 寶欄楯邊 聞妙法音 獲無生忍 受用種
종대승법락 복혜위덕 신통자재 수의소수 응념현전 일생보처 제대
種大乘法樂 福慧威德 神通自在 隨意所須 應念現前 一生補處 諸大
보살 개유일향전념아미타불
菩薩 皆由一向專念阿彌陀佛

한마음으로 관하며 예배하옵니다. 극락세계에 있는 보리수 아래에서, 칠보 난순 주변에서, 미묘한 법음을 듣고, 무생법인을 획득하여, 갖가지 대승법락과 복덕·지혜를 누리고, 위덕과 신통이 자재하며, 뜻하는 대로 구하는 것이 생각에 응하여 현전하나니, 이러한 일생보처의 모든 대보살들은 모두 일향으로 아미타부처님을 전념하였기

에 그렇습니다. 대원대력 아미타부처님이시여!

나무아미타불 (1배 3칭)
南無阿彌陀佛

제19배 왕생보살 성중

일심관례 극락세계 도량 누관 강당 정사 제왕생자 방편동거 혹요설
一心觀禮 極樂世界 道場 樓觀 講堂 精舍 諸往生者 方便同居 或樂說
법 혹요청법 혹현신족 혹재허공 혹재평지 수의수습 무불원만 보살
法 或樂聽法 或現神足 或在虛空 或在平地 隨意修習 無不圓滿 菩薩
성중 개유일향전념아미타불
聖衆 皆由一向專念阿彌陀佛

한마음으로 관하며 예배하옵니다. 극락세계 도량의 누각·강당·정사에서 모든 왕생하는 자는 방편유여토와 범성동거토의 성중으로 혹 즐겨 법문을 설하거나 혹 즐겨 법문을 들으며, 혹 신족통을 나타내고, 혹 허공에 있거나 혹 평지에 있어, 뜻하는 대로 수습하여 원만하지 아니함이 없나니, 이러한 보살 성중은 모두 일향으로 아미타부처님을 전념하였기에 그렇습니다. 대원대력 아미타부처님이시여!

나무아미타불 (1배 3칭)
南無阿彌陀佛

제20배 일체 제불께 예배 찬탄하다

일심관례 시방세계 시현광장설상 설성실언 칭찬무량수불불가사의
一心觀禮 十方世界 示現廣長舌相 說誠實言 稱讚無量壽佛不可思議

공덕 욕령중생문피불명 발청정심 억념수지 귀의공양 소유선근지심
功德 欲令衆生聞彼佛名 發淸淨心 憶念受持 歸依供養 所有善根至心

회향 수원개생 득불퇴전 내지무상정등보리 항하사수제불
回向 隨願皆生 得不退轉 乃至無上正等菩提 恒河沙數諸佛

한마음으로 관하며 예배하옵니다. 일체 제불께서는 시방세계에 광장설상을 시현하여 참되고 성실한 말씀으로 무량수불의 불가사의한 공덕을 칭양·찬탄하시나니, 중생으로 하여금 저 부처님의 명호를 듣고 청정한 마음을 발하게 하여 억념수지하고 귀의 공양하게 하며, 모든 선근을 매우 지극한 마음으로 회향하게 하여 발원한 대로 모두 왕생하게 하며, 불퇴전을 얻어 무상정등보리에 이르게 하십니다. 항하의 모래알 수만큼이나 많은 시방세계 일체제불이시여!

나무아미타불 (1배 3칭)
南無阿彌陀佛

제21배 일체 제불께 두루 예배하다

일심관례 사유상하 칭찬본사어일체세간 설차이행난신지법 권제유
一心觀禮 四維上下 稱讚本師於一切世間 說此易行難信之法 勸諸有

정지심신수 호념시방염불중생 왕생정토 항사세계일체제불
情至心信受 護念十方念佛衆生 往生淨土 恒沙世界一切諸佛

한마음으로 관하며 예배하옵니다. 일체 제불께서는 사유·상하에서 본사 석가모니부처님을 칭양·찬탄하시고, 일체세간에 이 행하기는 쉬우나 믿기는 어려운 법을 설하여 모든 유정들에게 지극한 마음으로 신수하라고 권하시며, 시방세계의 염불중생을 호념하시여 극락세계에 왕생하게 하십니다. 항하의 모래알 수만큼이나 많은 시방세계 일체 제불이시여!

나무아미타불 (1배 3칭)
南無阿彌陀佛

제22배 무량수경 선본을 예배 찬탄하다

일심관례 경운 당래경멸 불이자민 독류차경 지주백세 우사경자
一心觀禮 經云 當來經滅 佛以慈愍 獨留此經 止住百歲 遇斯經者

수의소원 개가득도 시고아금지심정례 광대 원만 간이 직첩 방편
隨意所願 皆可得度 是故我今至心頂禮 廣大 圓滿 簡易 直捷 方便

구경 제일희유 난봉법보대승무량수장엄청정평등각경
究竟 第一希有 難逢法寶大乘無量壽莊嚴淸淨平等覺經

한마음으로 관하며 예배하옵니다. 경전에서 이

르길, "오는 세상에는 경전이 사라질 것이니라. 부처님께서 대자비심으로 중생들을 불쌍히 여겨 홀로 이 경전을 남기어 백 년 동안 머물게 할 것이니, 이 경전을 만나는 사람은 뜻하고 발원한 대로 모두 제도 받을 수 있을 것이라" 하셨습니다. 이러한 까닭에 저는 지금 지극한 마음으로 정례하옵나니, 광대 원만하고, 쉽고 간편하여 곧장 질러가며, 방편구경이자 제일 희유하여 만나기 어려운 법보인 《대승무량수장엄청정평등각경》이여!

나무아미타불 (1배 3칭)
南無阿彌陀佛

제23배 정토법문을 예배 찬탄하다

일심관례 일승요의 만선동귀 범성제수 이둔실피 돈해팔교 원섭오
一心觀禮 一乘了義 萬善同歸 凡聖齊收 利鈍悉被 頓該八教 圓攝五
종 횡초삼계 경등사토 일생성판 구품가계 시방제불동찬 천경만론
宗 橫超三界 逕登四土 一生成辦 九品可階 十方諸佛同讚 千經萬論
공지 보왕삼매 불가사의 미묘법문
共指 寶王三昧 不可思議 微妙法門

한마음으로 관하며 예배하옵니다. 정토법문은 일승의 요의이고 만선의 동귀이며, 범부와 성인

을 같이 거두어들이고, 이근과 둔근을 모두 가피하며, 단박에 팔교를 갖추고, 원만하게 오종을 거두며, 횡으로 삼계를 초월하고, 곧장 질러가 사토에 오르며, 일생에 성취해 마치고, 구품연화대에 오를 수 있게 합니다. 시방세계 제불께서 함께 찬탄하고, 천경만론이 다 함께 가리키는 보왕삼매이자 불가사의하고 미묘한 법문이여!

나무아미타불 (1배 3칭)
南無阿彌陀佛

제24배 관세음보살께 예배 찬탄하다

일심관례 미타화신 종문사수 입삼마지 반문자성 성무상도 수보살
一心觀禮 彌陀化身 從聞思修 入三摩地 返聞自性 成無上道 修菩薩
행 왕생정토 원력굉심 보문시현 순성구고 수기감부 약유급난공포
行 往生淨土 願力宏深 普門示現 循聲救苦 隨機感赴 若有急難恐怖
단자귀명 무불해탈 만억자금신 관세음보살
但自歸命 無不解脫 萬億紫金身 觀世音菩薩

한마음으로 관하며 예배하옵니다. 관세음보살께서는 아미타부처님의 화신으로, 듣는 지혜 · 생각하는 지혜 · 닦는 지혜로 삼마지에 들어가서, 돌이켜 자성을 듣고 위없는 도를 성취하게 하시며,

보살행을 닦고 서방정토에 왕생하게 하십니다. 원력이 크고 깊어 32응신으로 보문시현하시고, 소리를 좇아 고난으로부터 구제하시며, 중생의 근기에 따라 감응하시니, 만약 긴급한 위난·공포를 만났을 때라도, 단지 스스로 관세음보살에 귀명하기만 한다면 해탈을 얻지 못할 자가 없습니다. 만억 자마진금 빛깔의 몸을 구족하신 관세음보살님이시여!

나무아미타불 (1배 3칭)
南無阿彌陀佛

제25배 대세지보살께 예배 찬탄하다

일심관례 정종초조 이염불심 입무생인 도섭육근 정념상계 불가방
一心觀禮 淨宗初祖 以念佛心 入無生忍 都攝六根 淨念相繼 不假方
편 자득심개 입삼마지 사위제일 여관세음 현거차계 작대이락 어염
便 自得心開 入三摩地 斯爲第一 與觀世音 現居此界 作大利樂 於念
불중생 섭취불사 영리삼도 득무상력 무변광지신 대세지보살
佛衆生 攝取不捨 令離三途 得無上力 無邊光智身 大勢至菩薩

한마음으로 관하며 예배하옵니다. 대세지보살께서는 정종의 초조이시고, 염불하는 마음으로 무생법인에 들어가고, 육근을 모두 거두어 들여

정념을 이어가서, 방편을 빌리지 않아도 자성본연에서 마음이 열리는 것을 제일로 삼으십니다. 관세음보살과 더불어 현재 극락세계에 거하시며 큰 이락을 지어서 염불중생을 섭수하여 취하고 버리지 않으시니, 중생으로 하여금 삼악도에서 떼어놓고 위없는 힘을 얻게 하십니다. 가없는 광명과 지혜의 몸을 구족하신 대세지보살님이시여!

나무아미타불 (1배 3칭))
南無阿彌陀佛

제26배 보현보살께 예배 찬탄하다

일심관례 무량수여래회상 좌열상수 덕위중존 화엄경주 만행장엄
一心觀禮 無量壽如來會上 座列上首 德爲衆尊 華嚴經主 萬行莊嚴
화신금강살타 영위밀교초조 불사인지 변수현묘 십대원왕도귀극락
化身金剛薩埵 永爲密教初祖 不捨因地 遍收玄妙 十大願王導歸極樂
대원대행 보현보살
大願大行 普賢菩薩

한마음으로 관하며 예배하옵니다. 보현보살께서는 무량수여래회상에서 자리를 배열함에 상수가 되시고, 덕이 무리 가운데 존자가 되시며, 화엄경의 주인으로 만행을 장엄하십니다. 금강살타로

화신하여 영원히 밀교의 초조가 되시며, 인지의 수행을 버리지 않고 두루 현묘함을 거두십니다. 십대원왕으로 극락세계로 이끌어 돌아가시는 대원대행 보현보살님이시여!

나무아미타불 (1배 3칭)
南無阿彌陀佛

제27배 문수사리보살께 예배 찬탄하다

일심관례 법왕장자 칠불지사 승묘길상 무구대성 원공중생동생극락 계심일불 전칭명호 즉어염중 득견미타 일행삼매 대지굉심 문수사리보살
一心觀禮 法王長子 七佛之師 勝妙吉祥 無垢大聖 願共衆生同生極樂 繫心一佛 專稱名號 卽於念中 得見彌陀 一行三昧 大智宏深 文殊師利菩菩

한마음으로 관하며 예배하옵니다. 법왕의 장자이자 칠불의 스승이신 승묘길상·무구대성께서는 모든 중생들과 함께 극락세계에 왕생하길 발원하시고, 마음을 한 부처님에게 계념하고 전일하게 명호를 불러서, 생각 가운데 아미타부처님을 친견하게 하십니다. 일행삼매의 크고 깊은 지혜 구족하신 문수사리보살님이시여!

나무아미타불 (1 배 3 칭)
南 無 阿 彌 陀 佛

제28배 미륵보살께 예배 찬탄하다

일심관례 영산회상 친승불회 수여대승무량수경 촉이홍양정토법문
一 心 觀 禮 靈 山 會 上 親 承 佛 誨 授 與 大 乘 無 量 壽 經 囑 以 弘 揚 淨 土 法 門

현재도솔내원 당래삼회용화 보리수하 성등정각 복덕무변 미륵보살
現 在 兜 率 內 院 當 來 삼 會 龍 華 菩 提 樹 下 成 等 正 覺 福 德 無 邊 彌 勒 菩 薩

한마음으로 관하며 예배하옵니다. 미륵보살께서는 영산회상에서 부처님의 가르침을 친히 계승하셨고, 석가모니부처님께서 대승 무량수경을 수여하여 정토법문을 홍양할 것을 부촉하셨습니다. 현재 도솔천 내원궁에 계시며, 오는 세상에 용화세계 보리수 아래에서 등정각을 성취하시고 삼회의 설법을 하십니다. 복덕이 가없으신 미륵보살님이시여!

나무아미타불 (1 배 3 칭)
南 無 阿 彌 陀 佛

제29배 법회성중께 예배찬탄하다

일심관례 무량수여래회상 사리불등제대존자 급현호등십육정사 함
一心觀禮 無量壽如來會上 舍利弗等諸大尊者 及賢護等十六正士 咸

공준수보현대사지덕 구족무량행원 안주일체공덕법중 제대보살
共遵修普賢大士之德 具足無量行願 安住一切功德法中 諸大菩薩

한마음으로 관하며 예배하옵니다. 무량수여래회상에 모이신 사리불 등 모든 대존자와 현호보살 등 16정사들께서는 다 함께 보현 대보살의 덕을 좇아서 수학하고, 무량한 행원을 구족하여서 일체 공덕 법 가운데 안온히 머물러 계십니다. 무량수여래회상에 모이신 일체 대보살님이시여!

나무아미타불 (1배 3칭)
南無阿彌陀佛

제30배 연종 조사와 모든 대사님께 예배 찬탄하다

일심관례 종상이래 연종제조 기홍종연교 귀향정토 제대선지식 이
一心觀禮 從上以來 蓮宗諸祖 暨弘宗演教 歸向淨土 諸大善知識 以

급본신귀의 수계 전법 관정 제위대사
及本身歸依 授戒 傳法 灌頂 諸位大師

한마음으로 관하며 예배하옵니다. 위로부터 내려오시면서 연종의 조사들과 선종을 홍양하시고 교법을 강설하시며, 마침내 정토로 귀의하여 회향하신 모든 대선지식과 저희들에게 귀의·수계

· 전법 · 관정을 전하신 모든 대사들이시여!

나무아미타불 (1배 3칭)
南無阿彌陀佛

제31배 삼보를 두루 예배하다

일심관례 진허공 변법계 상주삼보 시방호법보살 금강 범 천 용
一心觀禮 盡虛空 遍法界 常住三寶 十方護法菩薩 金剛 梵 天 龍

신 성현등중
神 聖賢等衆

한마음으로 관하며 예배하옵니다. 진허공 · 변법계에 상주하시는 삼보님과 시방세계 호법보살, 금강 · 범천과 천룡팔부, 이러한 성현 등의 성중이시여!

나무아미타불 (1배 3칭)
南無阿彌陀佛

제32배 두루 대신 참회 회향하다

일심대위생생세세 급현재생중부모 사장 육친권속 원친등중 정례삼
一心代爲生生世世 及現在生中父母 師長 六親眷屬 冤親等衆 頂禮三

보 구애참회 보대법계중생 회향서방극락세계 동생정토 동원종지
寶 求哀懺悔 普代法界衆生 回向西方極樂世界 同生淨土 同圓種智

한마음으로 세세생생 이어온 삶 가운데 만난 부모

님, 스승님과 어른, 육친권속과 원친채주 등의 대중들을 대신하여 삼보에 정례하고 참회를 구하오니, 불쌍히 여겨 주시옵소서. 널리 법계중생을 대신하여 서방 극락세계에 회향하오니, 다 함께 정토에 왕생하고 다 함께 일체종지를 원만히 이루게 하옵소서.

나무아미타불 南無阿彌陀佛 (1배 3칭)

무량수불찬
無量壽佛讚

무량수불 감로왕 위덕원력난량 홍명건칭소재장 화화택 위청량 보
無量壽佛 甘露王 威德願力難量 洪名虔稱消災障 化火宅 爲清涼 菩
리심중접불광 복혜선근자장 일향전념막방황 근훈계정향 신원행삼
提心中接佛光 福慧善根自長 一向專念莫徬徨 勤熏戒定香 信願行三
시자량 고해득자항 나무서방극락세계 대자대비대원대력 접인도사
是資糧 苦海得慈航 南無西方極樂世界 大慈大悲大願大力 接引導師
아미타불
阿彌陀佛

무량수불 감로왕의 위덕과 원력은 헤아려 측량하기 어렵습니다. 홍명을 공경히 정성 다해 칭하면 재난 · 장애가 소멸하고, 삼계의 불타는 집은 극락의 청량한 연못으로 변화되며, 보리심 가운데 부처님께서 광명으로 접인하십니다. 복혜의 선근이 저절로 증장하나니, 방황하지 않고 일향으로 아미타 부처님을 전념하겠습니다. 부지런히 계율 · 선정의 진향으로 훈습하여 신 · 원 · 행 세 가지를 서방에 왕생하는 자량으로 삼아 자비의 배를 타고 고통의 바다를 건너가겠습니다.

나무아미타불 (천번 혹은 만번)
南無阿彌陀佛

유원
惟願

오직 원하옵건대

천하화순 일월청명 풍우이시 재려불기
天下和順 日月淸明 風雨以時 災厲不起

국풍민안 병과무용 숭덕흥인 무수례양
國豊民安 兵戈無用 崇德興仁 務修禮讓

국무도적 민무원왕 강불릉약 각득기소
國無盜賊 民無怨枉 强不凌弱 各得其所

천하가 화순하고, 해와 달이 청명하며, 비바람이 때에 맞추어 불고, 재난이 일어나지 않으며, 나라는 풍요롭고 국민은 편안하여 병사와 무기를 쓸 일이 없게 하옵소서. 또한 사람들은 도덕을 숭상하고, 인자한 사랑을 베풀며, 힘써 예절과 겸양을 닦아, 나라에 도적이 없으며, 원망하고 억울한 사람이 없으며, 강한 자가 약한 자를 능멸하지 않고, 각자 자신의 자리를 잡게 하옵소서.

병원이인행공덕 회향법계일체유정 소유육도사생 숙세원친 현세업
並願以印行功德 回向法界一切有情 所有六道四生 宿世寃親 現世業

채 함빙법력 실득해탈 현재자증복연수 이고자왕생정토 동출고륜
債 咸憑法力 悉得解脫 現在者增福延壽 已故者往生淨土 同出苦輪

공등각안
共登覺岸

그리고 원하옵건대 저희들이 수행한 공덕으로 법계의 일체중생과 모든 육도·사생 및 숙세의 원친채주와 현세의 업으로 지은 온갖 빚을 법력에 의지하여 모두 다 벗어나게 하시고, 현재 살아가는 자로 하여금 복을 증진하고 수명이 늘어나게 하시며, 이미 고인이 된 자로 하여금 정토에 왕생하여 다 같이 생사고통의 수레바퀴로부터 벗어나서 다 함께 깨달음의 언덕에 오르게 하옵소서.

삼귀의

부처님께 귀의하와 바라노니 모든중생
큰이치 이해하고 위없는맘 내어지이다
(절하고 일어난다)

법보에게 귀의하와 바라노니 모든중생
삼장속에 깊이들어 큰지혜 얻어지이다
(절하고 일어난다)

승가에게 귀의하와 바라노니 모든중생
많은대중 통솔해 온갖장애 없어지이다
거룩하신 모든 성중에게 예경하나이다
(절하고 일어난 후 합장 인사)

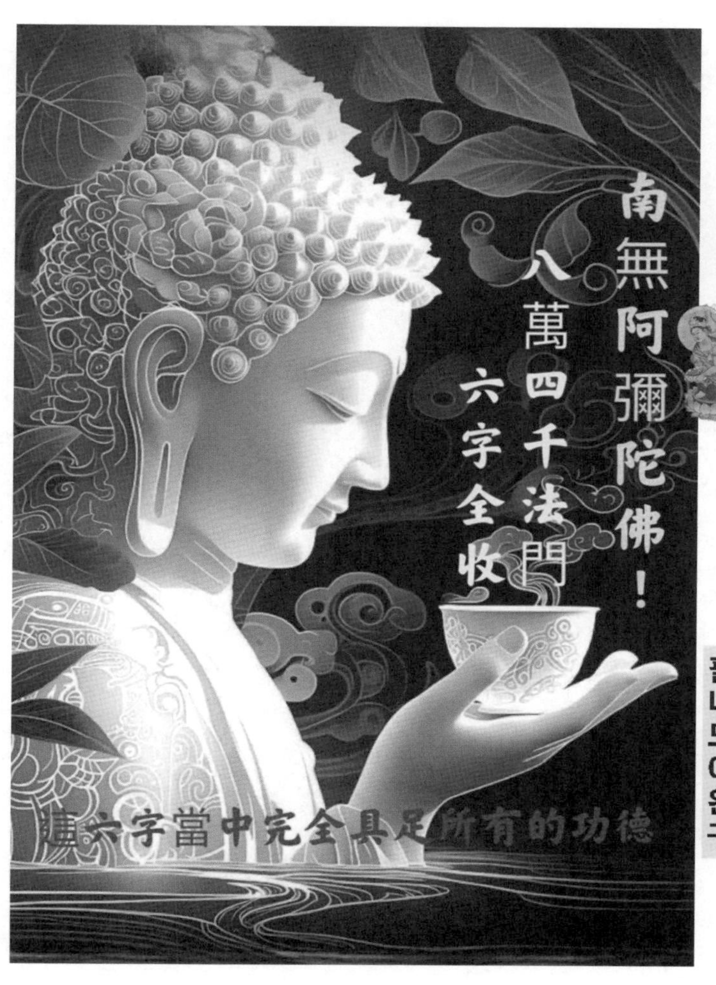

팔만사천 법문을
나무아미타불 6자가
모두 거두어 들인다
이 육자 홍명弘名에
완전한 공덕功德이
구족具足되어 있다

사성예문(四聖禮文)

행자(行者)는 매일 조석(朝夕)으로 서향(西向)하여 사성례(四聖禮)를 행(行)한 후 다음의 사성예문(四聖禮文)을 외워야 한다.

정삼업진언(淨三業眞言)

옴 사바바바 수다살바달마 사바바바 수도함

삼송(三誦)

아금지차일주향 변성무진향운개
봉헌극락사성전 원수자비애납수
我今持此一炷香 變成無盡香雲蓋
奉獻極樂四聖前 願垂慈悲哀納受

일송일배(一誦一拜)

나무서방정토극락세계
대자대비대원대력
접인도사아미타불

南無西方淨土極樂世界
大慈大悲大願大力
接引導師阿彌陀佛
삼송삼배(三誦三拜)

나무서방정토극락세계
만억자금신 관세음보살마하살
南無西方淨土極樂世界
萬億紫金身 觀世音菩薩摩訶薩
삼송삼배(三誦三拜)

나무서방정토극락세계
무변광지신대세지보살마하살
南無西方淨土極樂世界
無邊光智身 大勢至菩薩摩訶薩
삼송삼배(三誦三拜)

나무서방정토극락세계
만분이엄신청정대해중보살마하살
南無西方淨土極樂世界
滿分二嚴身 清淨大海衆菩薩摩訶薩

삼송삼배(三誦三拜)

유원사성대자대비 수아정례명훈가피력
원공법계제중생 동입미타대원해
唯願四聖大慈大悲 受我頂禮冥熏加被力
願共法界諸衆生 同入彌陀大願海

일송일배(一誦一拜)

대자보살찬불참죄 회향발원게
大慈菩薩讚佛懺罪 回向發願偈

시방삼세불 十方三世佛
아미타제일 阿彌陀第一

구품도중생 九品度衆生
위덕무궁극 威德無窮極
아금대귀의 我今大皈依
참회삼업죄 懺悔三業罪
범유제복선 凡有諸福善
지심용회향 至心用回向
원동염불인 願同念佛人
진생극락국 盡生極樂國
견불요생사 見佛了生死
여불도일체 如佛度一切

원아임욕명종시 願我臨欲命終時
진제일체제장애 盡除一切諸障礙
면견피불아미타 面見彼佛阿彌陀
즉득왕생안락찰 卽得往生安樂刹

원왕생원왕생 願往生願往生
원재미타회중좌 願在彌陀會中坐
수집향화상공양 手執香華常供養

원왕생원왕생 願往生願往生
원생극락견미타 願生極樂見彌陀
획몽마정수기별 護蒙摩頂授記莂

원왕생원왕생 願往生願往生
원생화장연화계 願生華藏蓮華界
자타일시성불도 自他一時成佛道

행자(行者)는 조석(朝夕)으로 위의 사성예문을 외는 동시에 다음의 아미타경과 왕생주(往生呪)등을 외울 것이다.

불설아미타경(佛說阿彌陀經)

- 앞의 본문 33쪽부터 독경하세요 -

(일송일배一誦一拜 또는 삼송일배三誦一拜)

무량수불설왕생정토주(無量壽佛說往生淨土呪)

나모 아미다바야 다타가다야 다지야타
아미리도 바비 아미리다 싯담바비 아미리다
비가란제 아미리다 비가란다 가미니 가가나
기다가례 사바하 삼송(三誦)

결정왕생정토진언(決定往生淨土眞言)

나모 사만다 못다남 옴 아마리 다바베 사바하

삼송(三誦)

상품상생진언(上品上生眞言)

옴 마리다리 훔훔바닥 사바하

삼송(三誦)

아미타불심주(阿彌陀佛心呪)

다냐타 옴 아리다라 사바하

삼송(三誦)

아미타불심중심주(阿彌陀佛心中心呪)

옴 로게 새바라 라아 하릭

삼송(三誦)

무량수여래심주(無量壽如來心呪)

옴 아미리다 제체 하라훔

삼송(三誦)

무량수여래근본다라니(無量壽如來根本陀羅尼)

나 모라 다나다라야야 나막 알야 아미다바야 다타아다야 알하제 삼먁 삼못다야 다냐타 옴 아마리제 아마리도 나바베 아마리다 알베 아마리다 싯제 아마리다 제체 아마리다 미가란제 아마리다 미가란다 아미리 아마리다 아아야 나비가레 아마리다 냥노비 사바레 살발타 사다니 살바갈마 가로삭사 염가레 사바하 삼송(三誦)

대보부모은중진언(大報父母恩重眞言)

나무 사만다 못다남 옴 아아나 사바하

삼송(三誦)

선망부모왕생정토진언(先亡父母往生淨土眞言)

나무 사만다 못다남 옴 출제류리 사바하

삼송(三誦)

불삼신진언(佛三身眞言)

옴 호철모니 사바하 삼송(三誦)

법삼장진언(法三藏眞言)

옴 불모규라헤 사바하 삼송(三誦)

승삼승진언(僧三乘眞言)

옴 수탄복다헤 사바하 삼송(三誦)

계장진언(戒藏眞言)

옴 흐리부니 사바하 삼송(三誦)

정결도진언(定決道眞言)

옴 합불니 사바하 삼송(三誦)

혜철수진언(慧徹修眞言)

옴 라자바니 사바하 삼송(三誦)

행보불상충의주(行步不傷蟲蟻呪)

걷는 중에 벌레나 개미를 밟아죽이지 않는 진언

축언(祝言)

종조인단직지모 일체중생자회호

약어족하오상시 원여즉시생정토

從朝寅旦直至暮 一切衆生自回護

若於足下誤傷時 願汝卽時生淨土

이른 아침부터 저녁까지 일체중생을 스스로 피해서 보호하되,

혹시 잘못으로 밟혀 상해 입거든 그대 즉시 극락정토 왕생하소서.

옴 지리지리 사바하 칠송(七誦)

답살무죄진언(踏殺無罪眞言)

밟아죽이더라도 죄가 없는 진언

축원(祝言)

종조인단직지모 일체중생자회호
약어족하상기형 원여즉시생정토
從朝寅旦直至暮 一切衆生自回護
若於足下傷其形 願汝卽時生淨土

이른 아침부터 저녁까지 일체중생을 스스로 피해서 보호하되,
혹시 잘못으로 밟혀 상해 입거든 그대 즉시 극락정토 왕생하소서.

옴 이데리니 사바하 칠송(七誦)

참회게(懺悔偈)

아석소조제악업(我昔所造諸惡業)
개유무시탐진치(皆由無始貪瞋癡)
종신구의지소생(從身口意之所生)
일체아금개참회(一切我今皆懺悔)

참회진언(懺悔眞言)

옴 살바 못자 못지 사다야 사바하

칠송(七誦)

보회향진언(普回向眞言)

옴 삼마라 삼마라 미마나 사라마하 자거라 바훔 삼송(三誦)

원성취진언(願成就眞言)

옴 아모까 살바다라 사다야 시베훔 삼송(三誦)

보궐진언(補闕眞言)

옴 호로호로 사야목케 사바하 삼송(三誦)

회향발원문(回向發願文)

계수서방안락찰 접인중생대도사
아금발원원왕생 유원자비애섭수
稽首西方安樂刹 接引衆生大道師
我今發願願往生 唯願慈悲哀攝受

원이차공덕 보급어일체 아등여중생
당생극락국 동견무량수 개공성불도
願以此功德 普及於一切 我等與衆生
當生極樂國 同見無量壽 皆共成佛道

보살은 이미 깨달았으나
염불을 버리지 않는다.
이는 곧 염불이 아니면
정각正覺을 이룰 수 없음이다.
어찌 여러 조사들이 염불로써
마음을 깨닫지 않음이
없었음을 알겠는가.
만약 염불로
일심불란一心不亂에 이르도록
염하면 번뇌가 사라지고
자심自心을 또렷이 밝힘이
곧 깨달음이라 이름한다.
-반야심경오가해 강기

극락정토 가렵니다

- 환성스님이 풀어 쓴 48대원 -

1. 아미타불 계신나라 극락이라 그곳에는, 나무아미타불
지옥아귀 축생수라 괴로운삶 없다하니, 나무아미타불
무 량 한 광명나라 극락정토 가렵니다. 나무아미타불

2. 아미타불 계신나라 극락이라 그곳사람, 나무아미타불
절 대 로 육도윤회 떨어지지 않는다니, 나무아미타불
무 량 한 광명나라 극락정토 가렵니다. 나무아미타불

3. 아미타불 계신나라 극락이라 그곳사람, 나무아미타불
누구누구 할것없이 금색의몸 얻는다니, 나무아미타불
무 량 한 광명나라 극락정토 가렵니다. 나무아미타불

4. 아미타불 계신나라 극락이라 그곳사람, 나무아미타불
생긴모습 한결같이 빼어나서 평등타니, 나무아미타불
무 량 한 광명나라 극락정토 가렵니다. 나무아미타불

5. 아미타불 계신나라 극락이라 그곳사람, 나무아미타불
백천만억 나유타겁 지난일들 다안다니, 나무아미타불
무 량 한 광명나라 극락정토 가렵니다. 나무아미타불

6. 아미타불 계신나라 극락이라 그곳사람, 나무아미타불
백천만억 나유타국 모든나라 다본다니, 나무아미타불
무 량 한 광명나라 극락정토 가렵니다. 나무아미타불

7. 아미타불 계신나라 극락이라 그곳사람, 나무아미타불
백천만억 나유타불 모든설법 듣는다니, 나무아미타불
무 량 한 광명나라 극락정토 가렵니다. 나무아미타불

8. 아미타불 계신나라 극락이라 그곳사람, 나무아미타불
백천만억 나유타중생 마음마음 다안다니, 나무아미타불
무 량 한 광명나라 극락정토 가렵니다. 나무아미타불

9. 아미타불 계신나라 극락이라 그곳사람, 나무아미타불
백천만억 나유타국 순식간에 다녀오니, 나무아미타불
무 량 한 광명나라 극락정토 가렵니다. 나무아미타불

10. 아미타불 계신나라 극락이라 그곳사람, 나무아미타불
나란생각 분별집착 생각조차 없다하니, 나무아미타불
무 량 한 광명나라 극락정토 가렵니다. 나무아미타불

11. 아미타불 계신나라 극락이라 그곳사람, 나무아미타불
정정취는 물론이고 바른깨침 이룬다니, 나무아미타불
무 량 한 광명나라 극락정토 가렵니다. 나무아미타불

12. 아미타불 계신나라 극락이라 그곳사람, 나무아미타불
한량없는 광명으로 온세상을 비춘다니, 나무아미타불
무 량 한 광명나라 극락정토 가렵니다. 나무아미타불

13. 아미타불 계신나라 극락이라 그곳사람, 나무아미타불
목숨수명 한량없어 생사윤회 없다하니, 나무아미타불
무 량 한 광명나라 극락정토 가렵니다. 나무아미타불

14. 아미타불 계신나라 극락이라 그곳사람, 나무아미타불
성문보살 많고많아 헤아릴수 없다하니, 나무아미타불
무 량 한 광명나라 극락정토 가렵니다. 나무아미타불

15. 아미타불 계신나라 극락이라 그곳사람, 나무아미타불
누구누구 할것없이 수명무량 장수하니, 나무아미타불
무 량 한 광명나라 극락정토 가렵니다. 나무아미타불

16. 아미타불 계신나라 극락이라 그곳에는, 나무아미타불
착한사람 뿐이어서 악한사람 없다하니, 나무아미타불
무 량 한 광명나라 극락정토 가렵니다. 나무아미타불

17. 아미타불 계신나라 극락이라 그곳에는, 나무아미타불
시방세계 모든부처 아미타불 찬탄하니, 나무아미타불
무 량 한 광명나라 극락정토 가렵니다. 나무아미타불

18. 아미타불 계신나라 극락이라 그곳에는, 나무아미타불
아미타불 열번염불 모두극락 왕생하니, 나무아미타불
무 량 한 광명나라 극락정토 가렵니다. 나무아미타불

19. 아미타불 계신나라 극락이라 그곳삼성, 나무아미타불
임종찰라 염불중생 반겨맞아 주신다니, 나무아미타불
무 량 한 광명나라 극락정토 가렵니다. 나무아미타불

20. 아미타불 계신나라 극락이라 그곳에는, 나무아미타불
극락왕생 발원하면 모두왕생 한다하니, 나무아미타불
무 량 한 광명나라 극락정토 가렵니다. 나무아미타불

21. 아미타불 계신나라 극락이라 그곳사람, 나무아미타불
붓다처럼 삼십이상 팔십종호 갖춰지니, 나무아미타불
무 량 한 광명나라 극락정토 가렵니다. 나무아미타불

22. 아미타불 계신나라 극락이라 그곳사람, 나무아미타불
중생위한 보살외에 모두모두 일생보처, 나무아미타불
무 량 한 광명나라 극락정토 가렵니다. 나무아미타불

23. 아미타불 계신나라 극락이라 그곳사람, 나무아미타불
모든불국 부처님들 공양올려 모신다니, 나무아미타불
무 량 한 광명나라 극락정토 가렵니다. 나무아미타불

24. 아미타불 계신나라 극락이라 그곳사람, 나무아미타불
가지가지 공양구들 마음대로 갖춰지니, 나무아미타불
무 량 한 광명나라 극락정토 가렵니다. 나무아미타불

25. 아미타불 계신나라 극락이라 그곳사람,　나무아미타불
누구라도 일체지를 연설할수 있게되니,　나무아미타불
무 량 한 광명나라 극락정토 가렵니다.　나무아미타불

26. 아미타불 계신나라 극락이라 그곳사람,　나무아미타불
누구라도 금강불괴 튼튼한몸 얻는다니,　나무아미타불
무 량 한 광명나라 극락정토 가렵니다.　나무아미타불

27. 아미타불 계신나라 극락이라 그곳에는,　나무아미타불
사람이나 만물이나 장엄하기 한량없어,　나무아미타불
무 량 한 광명나라 극락정토 가렵니다.　나무아미타불

28. 아미타불 계신나라 극락이라 그곳사람,　나무아미타불
닦은공덕 많던적던 나무높이 다안다니,　나무아미타불
무 량 한 광명나라 극락정토 가렵니다.　나무아미타불

29. 아미타불 계신나라 극락이라 그곳사람,　나무아미타불
경 전 을 읽는대로 지혜변재 이룬다니,　나무아미타불
무 량 한 광명나라 극락정토 가렵니다.　나무아미타불

30. 아미타불 계신나라 극락이라 그곳사람, 나무아미타불
지혜변재 그모두가 한 량 이 없다하니, 나무아미타불
무 량 한 광명나라 극락정토 가렵니다. 나무아미타불

31. 아미타불 계신나라 극락이라 그곳에는, 나무아미타불
맑고맑은 그정토가 모든정토 비춘다니, 나무아미타불
무 량 한 광명나라 극락정토 가렵니다. 나무아미타불

32. 아미타불 계신나라 극락이라 그곳사람, 나무아미타불
백천가지 향기맡고 보리마음 일어나니, 나무아미타불
무 량 한 광명나라 극락정토 가렵니다. 나무아미타불

33. 아미타불 계신나라 극락이라 그곳사람, 나무아미타불
아미타불 광명받아 안락함을 누린다니, 나무아미타불
무 량 한 광명나라 극락정토 가렵니다. 나무아미타불

34. 아미타불 계신나라 극락이라 그곳사람, 나무아미타불
아미타불 이름듣고 총지법인 얻는다니, 나무아미타불
무 량 한 광명나라 극락정토 가렵니다. 나무아미타불

35. 아미타불 계신나라 극락이라 그곳사람, 나무아미타불
아미타불 이름듣고 대장부로 변한다니, 나무아미타불
무 량 한 광명나라 극락정토 가렵니다. 나무아미타불

36. 아미타불 계신나라 극락이라 그곳사람, 나무아미타불
아미타불 이름듣고 성불까지 한다하니, 나무아미타불
무 량 한 광명나라 극락정토 가렵니다. 나무아미타불

37. 아미타불 계신나라 극락이라 그곳사람, 나무아미타불
하늘신이 오체투지 예경공경 한다하니, 나무아미타불
무 량 한 광명나라 극락정토 가렵니다. 나무아미타불

38. 아미타불 계신나라 극락이라 그곳사람, 나무아미타불
입고싶은 의복들이 뜻과같이 입혀지니, 나무아미타불
무 량 한 광명나라 극락정토 가렵니다. 나무아미타불

39. 아미타불 계신나라 극락이라 그곳사람, 나무아미타불
고뇌없는 나한처럼 모든안락 얻는다니, 나무아미타불
무 량 한 광명나라 극락정토 가렵니다. 나무아미타불

40. 아미타불 계신나라 극락이라 그곳에는, 나무아미타불
보고싶은 불국정토 보배나무에 비친다니, 나무아미타불
무 량 한 광명나라 극락정토 가렵니다. 나무아미타불

41. 아미타불 계신나라 극락이라 그곳사람, 나무아미타불
아미타불 이름듣고 온갖질병 없어지니, 나무아미타불
무 량 한 광명나라 극락정토 가렵니다. 나무아미타불

42. 아미타불 계신나라 극락이라 그곳사람, 나무아미타불
무량제불 공양해도 삼 매 에 머문다니, 나무아미타불
무 량 한 광명나라 극락정토 가렵니다. 나무아미타불

43. 아미타불 계신나라 극락이라 그곳사람, 나무아미타불
아미타불 이름듣고 좋은부모 만난다니, 나무아미타불
무 량 한 광명나라 극락정토 가렵니다. 나무아미타불

44. 아미타불 계신나라 극락이라 그곳사람, 나무아미타불
아미타불 이름듣고 모든공덕 이룬다니, 나무아미타불
무 량 한 광명나라 극락정토 가렵니다. 나무아미타불

45. 아미타불 계신나라 극락이라 그곳사람, 나무아미타불
보등삼매 성취하여 일체제불 뵙는다니, 나무아미타불
무 량 한 광명나라 극락정토 가렵니다. 나무아미타불

46. 아미타불 계신나라 극락이라 그곳사람, 나무아미타불
듣고싶은 모든설법 저 절 로 들린다니, 나무아미타불
무 량 한 광명나라 극락정토 가렵니다. 나무아미타불

47. 아미타불 계신나라 극락이라 그곳사람, 나무아미타불
미타명호 듣자마자 불퇴전에 이른다니, 나무아미타불
무 량 한 광명나라 극락정토 가렵니다. 나무아미타불

48. 아미타불 계신나라 극락이라 그곳사람, 나무아미타불
미타명호 듣자마자 삼종법인 얻는다니, 나무아미타불
무 량 한 광명나라 극락정토 가렵니다. 나무아미타불

아미타불 본심미묘진언 다냐타 옴 아리다라 사바하(세번)

계수서방 안락찰 접인중생 대도사
아금발원 원왕생 유원자비 애섭수

이 목숨 마치올 제,
갈 시간 미리 알아 여러 가지 병고액난病苦厄難
이 몸에 없어지고, 탐진치貪瞋癡 온갖 번뇌, 마음에 씻은 듯이
육근六根이 화락和樂하고, 한 생각 분명하여 이 몸을 버리옵기 정定에
들 듯 하옵거든, 그때에 아미타불께서 관음 · 세지 두 보살과 모든
성중聖衆 데리시고 광명 놓아 맞으시며 손들어 이끄시사, 높고 넓은
누각들과 아름다운 깃발들과 맑은 향기 고운 풍류 거룩하온 극락세계
눈앞에 분명커든, 보는 이 듣는 이들 기쁘고 감격하여 위없는
보리마음 다 같이 발하올 제, 이내 몸 고이고이 금강대에 올라 앉아
부처님 뒤를 따라 극락정토 나아가서 칠보로 된 연꽃 속에 상품상생
하온 뒤에, 불보살 뵈옵거든 미묘한 법문 듣고 무생법인無生法忍
깨치오며 제불諸佛을 섬기옵고 수기를 친히 받아 삼신사지三身四智와
오안육통五眼六通과 백천 다라니와 온갖 공덕 원만하게 이루어지이다.
-연지대사蓮池大師 발원문

연지대사蓮池大師 왕생극락往生極樂 발원문

극락세계에 계시면서 중생을 이끌어 주시는 아미타불께 귀의하옵고 극락세계 왕생하기 원하오니 자비하신 원력으로 굽어살펴 주시옵소서, 저희들이 네 가지 은혜에 보답하고 삼계육도 중생들을 위하여 부처님의 위없는 도를 이룩하려는 원력으로 아미타불의 거룩하신 이름을 부르오며 극락세계에 가서나기 원하나이다. 업장은 두텁고 복과지혜 엷사와 사악박덕 못된 행동 하기 쉽고 깨끗한 공덕 닦기 어렵기에 부처님 앞에서 지극한 정성으로 예배하고 참회하나이다.

저희들이 한량없는 옛적부터 오늘에 이르도록 몸과 입과 마음으로 한량없이 지은죄업 모두참회 하오며 한량없이 맺어놓은 원한심을 모두 풀어 버리옵고 아미타부처님처럼 넓고 크고 깊고 높은 서원 세워 나쁜 짓 멀리하여 다시 짓지 아니하고 보살도를 항상 닦아 물러나지 아니하여 정각을 이루어서 삼계 중생 제도하려 하옵나니 아미타부처님 대자대비 원력으로 저희들을 증명하시며 저희들을 어여삐 여기시어 가피하시와 삼매에도 꿈속에도 아미타불의 거룩하신 모습을 보여주시고 아미타불의 장엄하신 극락세계 데려다가 아미타불의 감로수로 뿌려주고 광명으로 비춰주고 손으로 만져주고 옷으로 덮어주어 업장은 소멸되고 선근은 자라나고 번뇌는 없어지고 무명은 깨어져서 원각의 묘한 마음 뚜렷하게 열리옵고 상적광토가 항상 앞에 나타나지이다.

또 이 목숨 마치 올 제 갈 시간 미리 알아 여러 가지 병고액란 이 몸에서 없어지고, 마음에 탐진치 온갖 번뇌 씻은 듯이 육근이 화락하고 한 생각 분명하여 이 몸을 버리옵기 정에 들듯 하옵거든 그때에 아미타부처님께서 관음세지 두보살과 모든 성현 데리시고 광명 놓아 맞으시며 손들어 이끄시사 높고 넓은 누각들과 아름다운 깃발들과 맑은 향기 고운풍류 거룩 하온 극락세계 눈앞에 분명커든 보는 이들 듣는 이들 기쁘고 감격하여 위없이 깨친 마음 다 같이 발하올제 이내몸 고이고이 금강대에 올라앉아 극락삼성 뒤를 따라 극락정토 나아가서 칠보로 된 연못의 구품연꽃 한가운데 상품상생 하온 뒤에 아미타불 친견하여 미묘한 법문 듣고 무생법인 깨치오며 아미타불 섬기옵고 성불수기 친히 받아 삼신사지 오안육통 백 천 가지 다라니와 온갖 공덕 원만하게 이루어지이다.

그리한 후 극락세계 떠나지 아니하고 사바세계에 다시 와서 한량없는 분신으로 시방국토 다니면서 여러 가지 신통력과 백천 가지 방편으로 무량중생 제도하여 탐진치 삼독번뇌 여의옵고 깨끗한 참맘으로 극락세계 함께 가서 물러나지 않는 자리 오르게 하려 하오니 세계가 끝이 없고 중생이 끝이 없고 번뇌업장 모두 끝이 없아올새 저희들의 서원도 끝이 없나이다.

저희들이 지금 예배하고 발원하여 닦아 지닌 공덕을 온갖 중생에게 베풀어서 네 가지 은혜 골고루 갚사옵고 삼계육도 유정들을 모두 제도하여 다 함께 일체 종지를 이루어지이다.

나무아미타불

나무아미타불

나무시아본사아미타불

한소식을 얻었어도 당신이 아직 깨닫지 못한 것이 있다

개오開悟하였으나 왕생往生(극락)을 원하지 않으면
감히 장담컨대 노형은 아직 깨닫지 못한 것이 있다.
만약 진실로 깨달았다면 서방극락에 왕생하니
만 마리 소라도 당기지 못한다.
-연지대사

원친채주冤親債主 참회발원문

1 : 들어가는 글

이 참회문은 정토종의 선지식께서 말법시대의 크나큰 죄로 인해고통 받는 중생들을 불쌍히 여기시어, 중생들 한 사람 한 사람이 수없이 많은 세월 동안 지은 모든 업과 육도六道 속에서 수없이 태어나고 죽는 가운데 원친채주冤親債主들과 맺은 갖가지 대립과 갈등을 소멸시키도록 하기 위해 지으신 것입니다.

우리가 수없이 많은 세월을 걸쳐 원한을 맺거나 애정으로 얽혀진 존재들이 이번 생에 우리들에게 진 빚을 갚으라고 찾아올 수 있습니다.

이러한 존재들을 원친채주라고 합니다.

"우리들 자신이 빚진 것,
우리들 자신이 사로잡혀 있는 것,
다른 사람들이 우리를 붙잡고 있는 것,
끝내지 못한 여러 인연들이 모두 장애가 되어
우리들의 극락왕생을 성취하지 못하게 할 수 있습니다.
그러므로 우리는 염불을 통해서 이번 생에
그들에게 빚지고 있는 은혜와 그들에게 빚지고 있는 원한을 모두 갚아주어야 합니다."

이 글은 미혹과 어리석음을 깨뜨려 없애고
세세생생 맺힌 원한을 풀어, 원친채주들과의 관계를 함께 부처님 공부를 하는 도반으로 바꾸고, 번뇌를 바른 깨달음의 지혜로 바꾸어,
생사의 고해苦海에서 깨달음에 이르도록 이끌어주

는 불법이란 배를 함께 타고서 서방극락으로 돌아가길 서원하는 참회발원문입니다.

이 참회문을 읽고 나면, 마치 감로수를 마신 것처럼 마음속 폐부까지 깊이 스며들어 편안함을 느끼게 하고, 마치 청풍이 남아있는 구름을 한순간 깨끗하게 다 쓸어 없애듯이 우리의 몸과 마음을 확 트이고 밝게 하여 우주와 인생의 진실한 모습을 분명하게 깨닫게 할 것입니다.

이로 인해 우리는 바른 앎(正知)과 바른 견해(正見)로 수많은 중생들에게 전생의 원한을 잊게 하고, 맺힌 원한을 풀게 하고, 모든 인연을 다 내려놓고 깨달음을 구하고자 하는 마음을 확고하게 하고, 부처님의 자비하신 마음에 감사함을 느끼도록 이끌게 될 것입니다.

이 참회문을 읽은 사람들은 이 글의 한 글자 한 글자가 마음속 깊이 들어와 눈물이 절로 쏟아질 것입니다.
이 참회문을 얻으신 후에는 불법을 공부하는 수많은 사람들에게 불사를 행할 때나 아침·저녁으로 기도를 올릴 때에 정성스런 마음,
일체에 대해 공경하는 마음,
일체에 대해 부끄럽고 두려워하는 마음,
일체에 대해 자신의 잘못을 뉘우치고
용서를 비는 마음으로, 마음속의 번뇌를 다 내려놓고 열심히 읽도록 두루 권하십시오.

시작도 없는 무량한 세월 동안, 우리 자신과 관계를 맺어 온 원친채주들과 진지하게 협상하고, 이 참회발원문 속에 담긴 미묘한 이치를 함께 깨달아 우리 자신도 깨우치고 중생들도 깨우쳐, 철저하게 속히 잘못을 뉘우치고 각성하여 깨달음의 도를 구하고자

하는 진실한 마음을 더욱 더 가지도록 한다면, 불사와 염불공부가 모두 적은 노력으로 큰 성과를 거두는 효과를 얻을 수 있습니다.

이렇게 하신다면, 위로는 모든 불보살님들께서 중생들이 간절히 바라는 염원에 감응하실 수 있고, 아래로는 세상에서 일어나는 온갖 대립과 갈등을 풀어 없애고, 항상 중생들을 따를 수 있습니다.

중생들과 같은 마음, 같은 공덕, 같은 발원으로 수행하여 서방극락으로 돌아가는 길을 방해하는 모든 장애를 말끔히 치워버린다면, 이번 생에 반드시 깨달음의 열매를 증득하여 서방극락세계에 왕생하여 물러남 없이 부처님이 되실 것입니다.

우리 모두가 함께 법희法喜에 젖고,

함께 부처님의 은혜를 입고,
함께 인생과 우주의 진실한 실상眞如實相을
깨달으시길 발원합니다.

불초제자 정례

원친채주冤親債主 참회발원문 2 :

일체 고난 중생 선보살님들이시여, 용서를 구합니다!

참회발원문

자신의 잘못을 뉘우치고 용서를 구하는
이 참회발원문은 글이 비록 길지만 원만하므로,
병이 있는 사람 혹은 원한 맺힌 사람과
급히 화해하고자 하는 분이 읽으신다면
실제로 큰 이익을 얻을 수 있으십니다.

이 참회발원문을 읽을 때,
지극히 정성스런 마음,
일체에 대해 공경하는 마음,
일체에 대해 부끄럽고 두려워하는 마음,

일체에 대해 자신의 잘못을 뉘우치고 용서를 구하는 마음으로 이 글의 뜻을 정확히 알아 깊이 새기면서 읽으신다면, 반드시 원친채주들이 그 마음을 알아 감동하여 맺힌 원한을 풀 수 있습니다.

(날마다 2번 읽을 것이며, 가장 좋은 것은 이 참회문을 읽으신 후 15분 동안 "아미타불" 부처님 이름을 부르는 것입니다. 그렇게 하시면 즉시 그 순간에 원친채주들을 제도할 수 있고, 모든 일이 뜻하는 대로 이루어질 것입니다. 만약 별도로 참회를 올리는 분의 작은 위패를 모셨을 경우에는 반드시 염불한 후 즉시 태워 버리십시오.)

이 참회발원문에서는 염불하여 원친채주를 극락세계에 함께 태어나는 도반으로 삼으라는 의미로,

착한 보살님, 즉 선보살善菩薩님이라 부르겠습니다.

일체 원친채주 선보살님들에게 회향하는 참회발원문

헤아릴 수 없이 길고 긴 세월 동안
저 ○ ○ ○ 로 인해 상처 받은
허공 법계에 두루 계시는
일체 고난 중생 선보살님들이시여!

너무나 너무나 죄송합니다. (1배拜)
제가 잘못했습니다. (1배)
제가 정말로 잘못했습니다. (1배)
진심으로 용서를 빕니다. (1배)
진심으로 용서를 구합니다. (1배)

저 ○○○는 셀 수 없이 길고 긴 세월 동안 태어나고 죽고 다시 태어나고 죽는 가운데, 마음이 헷갈리고 뒤바뀌어 온갖 못된 짓을 저질렀으며,
선보살님 당신들께 알게 모르게 죄를 지었고,
또한 선보살님 당신들께 상처를 주었고,
심하게는 선보살님 당신들을 살해하였으며,
선보살님 당신들의 몸과 마음에
크나큰 고초를 겪도록 하였고,
한량없는 고통을 받게 하였으며,
한량없는 번뇌를 늘어나게 하였습니다.
이로 인해 선보살님 당신들께서 지금까지도 지옥에 떨어져 벗어나지 못하도록 하였습니다.

저는 제 자신의 죄업이 깊고 무거우며,
죄악이 극에 달하여 도저히 용서받을 수 없음을 깊이깊이 느낍니다. 이 모두가 오랜 세월 제가

탐욕과 성냄과 어리석음과 오만과 의심으로 몸과 말과 생각으로 지은 일체 죄업과 일체 잘못 때문입니다.
저는 그 어떤 말로도 이 부끄러운 마음, 이 두려운 마음, 이 미안한 마음, 이 잘못을 뉘우쳐 용서를 구하는 마음을 표현할 길이 없습니다.

또한 어찌 한 두 마디 미안하다는 말로
선보살님 당신들께 입힌
크나큰 상처를 풀 수 있겠습니까?
저는 저의 허물을 깊이 잘 알고 있습니다.
제가 어떻게 감히 선보살님 당신들께
용서를 구할 수 있겠습니까?
그저 저의 온 마음을 다해 지성껏 선보살님 당신들께서 영원히 모든 괴로움에서 벗어나 온갖 즐거움을 얻을 수 있도록 제가 도울 수 있길 간절히 바랄 뿐입니다.

만약 선보살님 당신들이 저에게 보복하여,
선보살님들께서 쓰라린 고통과 원한 속에서
조금이라도 벗어나실 수 있다면,
저는 결코 감히 반항하지도 않고,
결코 감히 피하지도 않고,
결코 한 마디 원망의 말도 하지 않겠습니다.
이것은 제 자신이 지은 죄업이고,
반드시 제가 받아야 할 과보이기 때문입니다.

하지만 지금 저는 불·법·승 삼보에 귀의하여
부처님의 법을 듣고, 인과因果가 쉬지 않고
계속 돌아가는 이치를 분명하게 깨달았습니다.
그러므로 만약 선보살님 당신들께서 이번 생에
다시 저에게 보복하고 저를 해친다면, 인과의
법칙으로 인해 다음 생에 저 또한 선보살님 당신
들을 보복하러 올 수 있다는 것을 반드시 분명하
게 아셔야 합니다.

이렇게 되면 선보살님 당신들과 저는 한평생 또 한평생 끊어지지 않고 계속해서 서로 뒤엉켜, 세세생생 우리 모두가 번뇌와 쓰라린 고통 가운데에서 함께 지내게 될 것이니, 누구도 좋을 것이 없습니다.

이는 실로 다 함께 망하는 어리석은 짓일 따름입니다.

세세생생 이렇게 원망하고 서로 보복하여 언제 끝날지 기약이 없으니, 피차 서로의 앞날에 벌어질 상황은 눈으로 불 보듯이 뻔합니다.

원친채주冤親債主 참회발원문 3 :

세세생생 모든 중생들을 용서하겠습니다

총명하신 선보살님들이시여!
당신들께서 설사 저에게 보복하셨을지라도,
당신들은 지금도 여전히 육도 가운데
어느 곳인가에 계실 것입니다.
아직도 여전히 육도에 계시면서 여전히 육도에서 벗어날 수 없으니, 이것이야말로 가장 괴로운 일입니다.
더 이상 다시 미혹에 빠져서는 안 되며,
반드시 괴로움에서 벗어나 즐거움을 얻는
밝은 광명의 대도大道를 찾으셔야 합니다.

저는 지금 깊이 잘 알고 있습니다.
일체 중생들은 모두 수없이 많은 세월 동안

우리 자신의 부모님이시고,
우리들에게 끝없는 은혜를 베푸셨으며,
일체 중생들은 모두 부처님이 될 수 있는
씨앗(佛性)을 가지고 있으므로,
모두가 언젠가는 반드시
아미타 부처님이 되실 것이고,
또한 우리 자신과 한 몸입니다.

저는 지금부터 미래 세상이 다할 때까지
생명으로 존재하는 매 순간순간마다,
허공 법계에 두루 존재하는
한 분 한 분의 모든 중생들에게
감사하는 마음, 효도하는 마음,
자애로운 마음, 정성과 공경을 다하는 마음,
부끄럽고 두려워하는 마음,
겸손하고 자신을 낮추는 마음이 가득하고,
인과因果를 깊이 믿고, 악을 끊고 선을 행하며,

살생을 그치고, 채식을 하며, 방생하고, 염불하며, 저에게 주어진 상황에 만족할 줄 알고, 항상 즐거워하며, 자애롭고 유순하며 온화하고,
마음 도량을 넓히고 키우며,
남을 잘 이해하고,
모든 사람들을 두루 포용하겠습니다.

저는 이 순간부터
세세생생 모든 중생들을 용서하겠습니다.
과거에 저를 죽였고 상처를 주었던
중생들을 너그럽게 용서하겠습니다.
현재 저를 죽이고 상처 주는 중생들을
너그럽게 용서하겠습니다.
미래에 저를 죽이고 상처 줄 중생들을
너그럽게 용서하겠습니다.

그러나 만약 선보살님 당신들께서 이해해주지

도 않고, 너그럽게 용서해주지도 않고,
성내고 원망하며 보복하려는 이러한 마음을 지니신다면, 한없는 세월이 다하도록 지옥의 칼산과 칼나무들이 빽빽한 가운데에서 온갖 고통과 벌을 받음이 끝나지 않을 것이며,
또한 1초에 7만 번이나 참혹하게 죽었다가는 곧 바로 다시 태어나는 상상을 뛰어넘는 끝없는 극심한 고통 가운데에서 영원히 빠져나올 기약이 없을 것입니다.
저는 진심으로 선보살님 당신들께서 영원히 조금의 고통도 다시는 받지 않으시기를 간절히 희망합니다.

원친채주冤親債主 참회발원문 4 :

아미타 부처님께서는 우리들을 애타게 기다리고 계십니다.

부처님께서는 저희들에게 말씀해주셨습니다.
"일체의 유위법有爲法은 꿈 같고,
물거품 같고, 그림자 같고,
이슬과 같고, 또한 번개와 같으니라."
"무릇 모양(相)이 있는 것은 모두가 허망하니라."
"과거의 마음도 얻을 수 없고,
현재의 마음도 얻을 수 없으며,
미래의 마음도 얻을 수 없느니라."
"일체의 법은 있는 바가 없고,
필경에는 공空하여 얻을 것이 없느니라."
"모든 법은 다 공空하지만,
그러나 인과因果는 오히려 공空하지 않느니라.

그 까닭은 인因이 변하여 과果가 될 수 있고,
과果 또한 변하여 인因이 될 수 있으므로
인과는 공空하지 않으며,
또한 인과 과는 계속해서 이어지므로
인과는 공하지 않으며,
또한 인과 과는 계속해서 돌고
돌므로 인과는 공하지 않느니라."
그러므로 일체 법은 모두 절대로 인과를 떠나지 않습니다.

총명하신 선보살님들이시여!
당신들께서는 오직 한때의 쾌락만을 좇아가셨을 뿐, 그것이 선보살님 당신들을 영원히 고통의 바다에 빠지도록 만들었다는 것을 생각하지 못하셨을 것입니다.
금생에 저는 다행히 부처님의 법을 듣게 되어 몸과 마음이 이제껏 가져본 적이 없는 이러한 즐거움을 느끼게 되었습니다.

마치 오랜 가뭄에 감로수를 만난 것처럼
몸과 마음을 깨끗하게 씻어낼 수 있었으며,
그리고 미혹된 마음으로부터 깨어나게 되었습니다.
무엇보다도 특히, 저는 이번 한 생에 해탈하고 성불할 수 있는 가장 수승한 염불법문을 듣게 되었습니다.

서쪽에는 오직 즐거움만이 있는 극락세계가 있습니다.
극락세계에는 고통 받는 지옥도 · 아귀도 · 축생도가 없고,
또한 태어나고 죽는 고통이 없으며,
어떠한 원한도 없고, 쓰라린 괴로움과 고난도 없으며,

더욱이 고통이란 말조차 없어 들을 수가 없습니다.
극락세계야말로 진정으로 영원히 변하지 않는 편안한 우리들의 고향집 앞마당입니다.

극락세계에는 더 없이 인자하고 선량하신 보살님들께서 우리들과 함께 지내며, 아미타 부처님의 자비롭고 온화하신 품속에서는
바람소리 · 빗소리 · 물소리가
모두 미묘한 법을 연설하고,
백학 · 공작이 밤낮으로 여섯 차례
항상 평화롭고 맑은 소리로 노래하며
미묘한 법을 말해줍니다.

극락세계는 청정하고 장엄하고 드넓고 반듯하며, 이루 말할 수 없이 수승하고 아름답습니다.
곳곳마다 밝은 빛을 뿜어내고,

향기롭고 깨끗함이 끝이 없으며,
땅은 황금으로 덮여 있고,
칠보 누각은 진주 나망으로 덮여 있으며,
사계절이 봄날처럼 화창하고,
밤낮으로 여섯 차례 하늘에서 미묘한 꽃비가 내리며,
허공에는 하늘음악이 울려 퍼집니다.
칠보로 이루어진 연못 속에는
여덟 가지 공덕의 물 위에
수많은 파란 연꽃, 하얀 연꽃,
노란 연꽃, 빨간 연꽃들이
활짝 피어 사방에 찬란한 빛을 뿌립니다.

지극한 정성으로 염불하는 모든 중생들은
아미타 부처님께서 오셔서 데려가 주시는
가피를 받아 서방정토 극락세계에 이르러
모두 연꽃 안에서 새롭게 태어납니다.

극락세계에는 더없이 착한 사람들이
모두 한곳에 모여 계시며,
어떤 분은 즐겨 법을 설하고,
어떤 분은 즐겨 법을 들으며,
즐거워 기뻐하지 않은 사람이 없습니다.
극락세계는 걱정과 근심이 없어
몸이 가뿐하고 자연스러우며,
편안하고 한가로워 자유로우며,
화목하고 길상하여 평안하며,
피부는 윤기가 흐르고 부드러우며,
모두가 영원히 청춘이고 늙지 않습니다.

황금색 빛나는 몸을 받으며,
수명은 끝이 없으며,
신통이 구족하고 자재하여 장애가 없으며,
궁전이 몸을 따르며,
옷과 음식이 원하는 대로 나타납니다.

불전을 장엄하는 깃발과 하늘덮개,
꽃향기와 하늘음악이 생각을 따라 이르며,
한순간에 시방세계 모든 부처님께 두루 공양 올리며,
온 허공법계는 다 우리가 자유자재로 오고가는 공간입니다.
극락세계에 태어난 사람들은 누구나
깨끗하고 텅 비어 있는 몸과
육신통을 갖춘 다함없는 몸으로
무수히 많은 몸을 온 법계에 나투어
중생들을 남김없이 다 제도하십니다.

서방정토 극락세계에는 아미타 부처님께서 계십니다.
아미타 부처님께서는 중생들에게 즐거움을 주려는 마음,
고통을 없애주려는 마음, 함께 기뻐하는 마음,

평등한 마음이 끝이 없으시어,
48대원을 세우셨습니다.
아미타 부처님께서는 설사 우리들이
오역죄五逆罪와 십악十惡을 저지를지라도,
우리들을 차마 싫다고 내치지 않으시고,
또한 우리를 차마 떠나지 않으십니다.

아미타 부처님께서는 자비하신 마음으로
아무런 조건 없이 평등하게 일체 중생들을 구제하십니다.
마치 하나뿐인 자식이 돌아오길 기다리시는 부모님처럼 언제나 우리들이 돌아오길 간절히 바라고 계십니다.
아미타 부처님께서는 성불하신 십겁十劫 이래로
하루도 빠짐없이, 우리들이 극락세계로 돌아오길 기다리고 계십니다.
아미타 부처님께서는 금색 팔을 길게 내미시어

극락세계에 태어나는자를 맞이하려고,
지금 이 순간에도 늘 삼계의 고아이고 육도의
방랑자인 우리들을 애타게 기다리고 계십니다.

원친채주冤親債主 참회발원문 5 :

다시는 죄를 짓지 않겠습니다

아미타 부처님께서는 발원하셨습니다.
우리들이 쌓은 죄업을 깊이 반성하고 뉘우치며, 염불하여 극락세계에 태어나길 간절히 발원한다면,
아미타 부처님께서는 반드시 우리들을 이끌어 극락세계에 태어나게 하시고,
우리들이 수없이 태어나고 죽는 고통 속에서 완전히 벗어나 영원한 평안을 누리도록 해주십니다.

지금 저는 선보살님 당신들께 이 수승한 방법을 소개하오니,
당신들께서도 날마다 저를 따라서 함께 예불하

고, 경전을 읽고, 염불하여 극락세계에 태어나겠다고 간절히 발원하시길 희망합니다.

제가 이 세상에 없을 때에는 선보살님 당신들께서는 또한 열심히 경전을 듣고 열심히 염불을 잘 하셔야 합니다.
장래 우리들이 서방 극락세계에 태어나
함께 깨달음의 대도大道를 행하고
불법을 공부하는 한집안 식구인
보리권속菩提眷屬의 인연을 맺고,
모든 법이 생기지도 않고 없어지지도 않는
진리인 무생법인無生法忍을 증득하여
깨달아 다시 이 사바세계로 돌아와 중생을 제도한다면,
이 일이야말로 선보살님 당신들도 좋고 저도 좋으며, 또한 모두에게 좋은 방법입니다.

만약에 혹 선보살님 당신들께서 저보다 먼저 성취하신다면,
제가 목숨이 다할 때 서방 극락세계의 아미타 부처님, 관세음보살님, 대세지보살님 이 세 분 성인을 따라 저를 마중 나와서 극락세계에 태어나도록 이끌어주십시오.
그러나 만약에 오히려 제가 먼저 성취한다면 저는 반드시 사바세계로 다시 돌아와서
선보살님 당신들을 제도하겠습니다.

이와 같이 우리들이 서로서로 정진 수행하도록 격려하고 일깨워주면서 함께 지극한 정성으로 염불하고 서방극락세계에 태어나길 발원하여, 하루 속히 모든 괴로움에서 벗어나 온갖 즐거움을 얻고, 불도를 이룰 수 있도록 정진합시다.

총명하신 선보살님들이시여!

우리들 각자 자신에게 상처를 주어
세세생생 육도에 윤회하며 고통의 바다에
빠지도록 한 흉악범은 다름 아닌 바로
우리들 각자 자신의 마음속에 있는
망상, 분별, 집착이며,
탐욕, 성냄, 어리석음이며,
아만과 의심입니다.

그러므로 우리들은 매 순간순간
우리 자신에게 이러한 마음이 일어나는 것을
절대로 관대하게 넘기지 말고,
뼈에 사무치도록 비통하게 여기셔야 합니다.
우리들 자신이 반드시 제거해야 할 진짜
원수와 적은 바로 나 자신의
탐내는 마음이며,
성내는 마음이며,
어리석은 마음이지,

바깥에 있는 사람들과 일과 사물이 결코 아닙니다.
우리들은 모두 이러한 탐내고 성내며 어리석은 마음으로 인해 상처 받은 사람들입니다.
우리들 모두는 다 함께 부처님 전에
깊이 반성하고 뉘우쳐서 다시는
죄를 짓지 않겠다고 맹세합시다.

저 ○○○는 아득히 멀고 먼 과거 세상에서부터
부모님께 효도하지도 않고
어른과 스승을 공경하지도 않았으며,
불·법·승 삼보를 비방하고,
중생들에게 상처를 주었으며,
다른 사람들이 부처님의 법을 배우고
널리 전하는 것을 훼방한 이러한 일들에 대해,
부끄러워하고 두려워하며,
깊이 반성하고 뉘우칩니다.

또한 탐내고 성내며 어리석어
몸과 말과 생각으로 지은 일체 죄악에 대해
부끄러워하고 두려워하며,
깊이 반성하고 뉘우치며,
다시는 죄를 짓지 않겠습니다.

자기 자신을 높이고 남을 업신여기는 오만한 마음,
자기 스스로 만족하다 여기고 잘난 척 하는 마음,
아무도 안중에 없이 무례하고 건방지게 구는 마음,
음탕한 욕심을 채우려는 마음,
이기적이고 인색하며 탐내는 마음,
원망하고 분노하는 마음,
성내고 증오하며 보복하려는 마음,
남과 대립하고 화해하지 않는 마음,
시기 질투하는 마음, 경솔한 마음,

명리와 허영에 꽉 차있는 마음,
독차지하고 남을 억누르려는 마음,
내가 옳다는 고집으로

망상 · 분별 · 집착하는 마음,
게으르고, 흐리멍덩하고, 들뜬 마음,
잡담하여 산란해지는 마음,
적당히 대충 해결하려는 마음을

철저히 뿌리 뽑고,
그리고 제 마음속의 온갖 나쁜 악습들을
철저히 전부 다 남김없이 뿌리 뽑겠습니다.

원친채주冤親債主 참회발원문 6 :

일심으로 염불하면 반드시 극락세계에
왕생하여 원만하게 부처님이 되십니다

저 ○ ○ ○ 는 대자대비의 마음으로
고통 받는 일체 중생들을 대신하여,
저의 마음을 불꽃이 일어나지 않는
다 타버린 재(死灰)처럼 하고,
잠을 잘 다스려 적게 자며,
말을 그치고,
모든 인연을 내려놓고,
일심으로 염불하는 그 순간
곧 바로 서방극락세계에 태어나,
무수히 많은 몸을 온 법계에 나투어
중생들을 남김없이 다 제도하겠습니다.

시간은 바로 생명입니다.
생명은 오직 부처님이 되기 위해 존재하는 것입니다.

저는 간절히 발원합니다!
모든 인연 내려놓고,
죽을 힘을 다해 말을 그치며,
죽을 힘을 다해 염불하여,
이 자리에서 바로 서방극락세계에 태어나서
무수히 많은 몸을 온 법계에 나투어
중생들을 남김없이 다 제도하겠습니다.

이번 한 생 동안 저는
성실하게 계를 지키고 염불할 것이며,
감히 착하지 않은 생각을 조금도
일으키지 않을 것입니다.
그리하여 그 공덕의 과보로

저에게 돌아올 복이 있다면,
모두 다 함께 누리도록 하겠습니다.

저는 발원합니다!
저는 제가 배우고 닦은 계율과 선정과 지혜의
공덕을
수없이 많은 세월 동안의 부모님, 스승님,
저로 인해 상처 받은 모든 선보살님들,
어머니와 같은 시방세계의 일체 중생들에게
나누어 드려 모두가 끝없는 괴로움에서 벗어나
온갖 즐거움을 누리는 서방극락세계에
태어나시도록 하겠습니다.

아미타 부처님께서는 48대원 가운데
"저의 이름 아미타불을 열 번 부르면
반드시 극락세계에 태어나도록 해주겠나이다."
라고 서원을 세우시어,

언제 어느 곳에서라도
모든 중생들을 마중하여
서방극락세계에 태어나도록 이끌어주십니다.
그러므로 시방세계의 모든 중생들이 확실한 믿음과 간절한 발원으로 진실하게 염불하면 틀림없이 극락세계에 태어나 원만하게 부처님이 되십니다.

중생들은 모두가 부처가 될 수 있는
씨앗(佛性)을 가지고 계시므로,
염불하면 틀림없이 부처님이 되십니다.
일심으로 염불하면 반드시 극락세계에
왕생하여 원만하게 부처님이 되십니다.

진심으로 축원드립니다!
시방세계의 모든 부모님과 스승님,
그리고 모든 선보살님들과 모든 중생들께서는

부처님의 법을 배우고,
인과因果를 깊이 믿고,
악을 끊고 선을 행하며,
미혹을 깨뜨리고 깨닫고,
지극한 정성으로 염불하여
자재하게 극락세계에 태어나,
원만하게 부처님이 되어지이다!

나무아미타불! 아미타불! 아미타불!

* 참회 발원문을 다 읽으셨으면,
이제부터 정성과 공경을 다하여 '아미타불' 혹은 '나무아미타불'을 15분 동안(염불은 많이 할수록 좋습니다) 염불하시면, 더욱 좋으며 실제로 큰 이익을 얻을 수 있습니다.

佛教文化研究所 北京广化寺监制 佛历二五四七年七月

부록 1

범부의 집지명호 수행법

정공법사

만약 부처님명호를 집지하여도 아직 견사번뇌를 멸단하지 못하였다면, 그 틈을 내어 염불하는 산념散念이나 빠짐없이 염불하는 정과定課에 따라 (번뇌를 조복하여) 범성동거토에서 태어나고 삼배구품으로 나누어진다.

若執持名號。未斷見思。隨其或散或定。於同居土分三輩九品. _《불설아미타경요해佛說阿彌陀經要解》, 우익蕅益 대사

「집지명호執持名號」는 수행하는 방법입니다. 집지執持는 반드시 대세지보살께서 우리들에게 가르쳐주신 "육근을 모두 거두어들여 정념을 이어가는(都攝六根 淨念相繼)" 염불원통법을 기억해야 합니다. 이렇게 명호를 집지하여야 상응합니다. 그러나 견사번뇌를 끊지 못하면 서방극락세계 태어나는 것은 범부입니다. 단斷에는 두 가지 종류가 있는데 여기서 「미단未斷」은 멸단滅斷을 말합니다. 멸단은 확실히 쉽지 않습니다. 만약 멸단하면 현전에서 아라한과를 증득합니다. 우리들이 왕생하는 조건은 그렇게 높을

필요가 없고 단지 번뇌를 조복시키는 복단伏斷이면 충분합니다. 복단은 번뇌를 조복시켜 안으로 머물게 하는 것(伏住)입니다. 번뇌를 끊지 않고 그것을 조복시켜 머물게 하여 번뇌가 작용을 일으키지 않게 하면 결정코 왕생할 수 있습니다. 만약 진실로 견사번뇌를 끊는다면 범성동거토에 왕생하는 것이 아니라 방편유여토에 왕생합니다. 그래서 우리들 공부는 번뇌를 조복시키려고 하는 것입니다.

어떤 방법으로 조복시킵니까? 한마디 부처님 명호를 집지하는 것입니다. 고인께서 "생각이 일어나는 것을 두려워하지 말고, 다만 알아차림이 늦는 것만 두려워하라(不怕念起 只怕覺遲)"라고 하신 말씀에서 념念은 바로 번뇌입니다. 어떤 생각이든 상관이 없습니다. 나쁜 생각도 번뇌이고, 선한 생각도 번뇌입니다. 나쁜 생각이든 선한 생각이든 모두 필요 없습니다. 첫 번째 생각이 일어나면, 두 번째 생각은 바로 「아미타불」이어야 합니다. 이 한마디 아미타불을 불러서 그 생각을 없애어 망념이 이어지지 않도록 해야 합니다. 망념 한 생각 한 생각이 이어지는 것을 망념(번뇌)이 일어나 현행함이라 합니다. 한마디 부처님 명호를 불러서 번뇌(생각)를 억제(壓住)해야 합니다. 고인께서는 이것을 뿌리를 제거하지 않고 돌로 풀을 누르는 것에 비유하였습니다. 단지 염불로 생각을 억제하기만 하면 공부가 득력하고, 염불이 상응합니다. 생각을 억제하지 못하면 방법이 없습니다.

당연히 한 번 생각하기 시작하면 망념이 없어지기가 쉽지 않습니다. 어떤 분이 저에게 말했습니다. "저는 염불을 할수록 망상이 많아집니다. 어떻게 하면 좋을까요?" 생각이 없을 때 망상이 없는 것처럼 생각을 할수록 망상이 많아집니다. 실제로 이런 상황을 이해할 수 없습니다. 실제 상황은 평상시 망념이 이렇게 많아도 당신이 발견하지 못하고 지내다 염불을 하면 비로소 자신에게 망념이 이렇게 많음을 발견하게 됩니다. 이렇게 무섭습니다. 그러나 발견한 후 무서워할 필요가 없습니다. 부처님명호를 반드시 염하기만 하면 됩니다.

염불하면서도 여전히 망상이 일어나더라도 그것에 상관하지도 아랑곳 하지도 마시고 단지 부처님 명호에만 주의를 기울이고 망상에 신경을 쓰지 마십시오. 망상에 주의를 기울이면 망상은 갈수록 많아집니다. 근본적으로 망상에 아랑곳 하지 마시고 단지 생각을 부처님 명호에 관조합니다. 이렇게 하다 보면 망상이 점차적으로 줄어들고 부처님 명호를 불러서 점차 득력합니다. 옛 사람들의 경험으로는 대체로 긴 향이 하나 타는데 1시간 반이 걸립니다. 1시간 반 염불하는 동안 3개 내지 5개의 망상이 일어나면 공부가 괜찮다고 볼 수 있습니다. 만약 향 하나를 태우는 동안 망상이 없으려면 아마 10년 내지 8년이 걸릴지도 모릅니다. 열심히 염불하든 열심히 염불하지 않던 결코 해낼 수 없습니다. 이로써 염불에 망상이 뒤섞여 있을지라도 이런 것에 개의치 말고 반드시 열심히 염불하기만 하면 됩니다.

정定은 정과定課로 아침저녁 기도일과(功課)를 말합니다. 우리들은 매일 1시간을 정해 염불합니다. 산념散念은 평상시 틈을 내어 염불하는 것을 말합니다. 산념은 많고 적음에 구애받지 않습니다. 당연히 많을수록 좋습니다. 그러나 정과는 날마다 빠뜨려서는 안 됩니다. 미국처럼 일반적으로 일 하느라 매우 바쁘고 스트레스도 상당히 심한 곳에서는 아침저녁 일과를 빠뜨리지 않도록 아침저녁 일과를 적게 정할수록 좋습니다. 왜 그렇습니까? 그래야 당신이 빠뜨리지 않을 것이기 때문입니다. "아침에 한 시간 염불하라고 하는데 어떻게 시간을 내겠습니까? 불가능합니다."라고 말합니다. 그래서 아침저녁으로 가장 좋은 것은 「십념법十念法」을 사용해보는 것입니다. 왜냐하면 십념법에 걸리는 시간은 고작 5분이면 충분하기 때문입니다. 이 시간이면 행할 수 있습니다. 그래서 십념법을 사용해 보십시오. 십념법은 한 호흡이 다할 때 한번 염불하여 열 번 호흡하는 것입니다. 집에서 불상에 있으면 불상 앞에서 염불하고, 불상이 없으면 얼굴을 서쪽으로 향하고 염불하면 감응을 얻습니다. 아미타불을 염할 때 아미타불 넉자로 염해도 좋습니다. 아미타불 · 아미타불 · 아미타불 · 아미타불 · 아미타불 이것을 한 호흡이라고 합니다. 이렇게 열 번 호흡하는 동안 염하면 좋습니다. 시간도 짧아서 그리 길지 않습니다. 아침에 세수를 하고서 아침 일과를 하고 저녁에 잠들기 전에 저녁일과를 하면 시간을 허비하지 않을 것입니다. 평상시는 산념입니다. 산념은 정과가 아니고 시간이 나면 염불하는 것입니다.

삼배구품은 당연히 번뇌를 조복시키는 공부입니다. 이 공부가 깊어질수록 당신의 품위가 높아집니다. 번뇌를 끊지 않고 조복시켜 머무는 것입니다. 과거에 어떤 사람이 저에게 물었습니다. "일부 염불인이 임종할 때 언제 가는지 알고 또 병에 걸리지 않고 선 채로 가기도 하고 앉은 채로 가기도 하는데 저는 어떻게 공부해야 합니까?" 여러분이 번뇌를 조복시키는 공부면 됩니다. 범성동거토는 9품이 아닙니까? 상배 3품이면 됩니다. 우리들은 할 수 있습니다. 그도 할 수 있고 나도 있습니다.

진정으로 공부가 덩어리를 이루고 싶으면 번뇌를 조복시키기만 하면 공부가 덩어리를 이룹니다. 앞에서 말한 「흔염欣厭」, 이 두 글자가 있어야 합니다. 「싫어함(厭)」은 바로 우리들이 이 세계를 마음 속에서 정말 놓아버리는 것입니다. 세간 일체에서 인연에 따르고 집착하지 않으며 따지지 않고, 한마음 한 뜻으로 정토에 태어나길 구하고 한마음 한뜻으로 아미타부처님을 친견하고자 하는 마음이 대단히 강렬하면 한마디 부처님 명호는 저절로 상응하고 장래에 왕생합니다. 자기가 선 채로 가는 것, 앉은 채로 가는 것을 희망하여도 만약 우리들이 이 세간에 탐욕과 미련이 있고 내려놓지 못하면 이것이 장애가 되어 행할 수 없음을 똑똑히 명백히 알아야 합니다. 세간에서 가장 큰 복보는 재산도 지위도 권세도 아니고 가장 큰 복보는 우리들이 갈 때 소탈하게 가고 자재하게 가는 것입니다. 이것이 진정한 복보입니다. 스스로 잘 알아야 합니다. 서방극락세계에 가서 부처가 됩니다. 생각해보십시오! 어떤 사람의 복보가 이보다 더 클 수 있겠습니까? 이것이야말로 진실한 복보입니다.

부처님가르침 행하는 참공양
여설수행 공양 如說修行供養
불보살님의 가르침에 따라 우리의 잘못된 사고방식과
잘못된 언행, 잘못된 행동을 고치는 것을 여설수행공양이라 합니다.
불보살님께서는 염념마다 우리가 빨리 성불하여 그와 같기를 희망하십니다.
서방극락세계에 왕생하는 것은 성불하기 위한 가장 중요한 수단입니다.
정토종에서 따르는 경전은 정토오경일론입니다. 여기에 설한 말씀을
모두 잘 이해하고 모두 그대로 실천하는 것이 바로 여설수행공양입니다.
여설수행은 가르침대로 받들어 행하는 것으로, 이것이 진정한 공양입니다.
-정공淨空 상인上人《보현대사 행원의 메시지》

부록 2

정요십념법 精要十念法

정공 법사

삼가 정공淨空 법사께서 선설하신 "간요필생십념법簡要必生十念法"을 정종淨宗의 학인들이 지금부터 자기 스스로 하는 수행(自修)과 다 같이 하는 수행(共修)의 일반적인 규칙으로 삼을 것을 제의합니다. 이에 대한 설명은 다음과 같습니다.

자기 스스로 하는 수행이란, 하루 동안 아홉 차례 부처님 명호(佛號)를 열 마디 소리 내어 염하는 법을 말합니다. 즉 아침에 일어나서 한 차례, 잠들기 전 한 차례, 세끼 공양 때 각각 한 차례씩, 그리고 오전 일을 시작할 때와 마칠 때, 오후 일을 시작할 때와 마칠 때 각각 한 차례씩 모두 아홉 차례입니다. 매 차례마다 넉자(四字) 혹은 육자六字 아미타불 명호를 열 마디 소리내어 부르는 것인데, 본래부터 해오던 일상의 정해진 수행일과와 목표량(定課)은 같게 행하면 됩니다.

함께 더불어 하는 수행이란, 경전을 강의하든, 법회를 열든, 대중공양을 하든 특별히 정해진 의규儀規가 아닌 대중 집회를 진행할 때, 그 시작 때에 십념법十念法을 행하는 것을 말합니다. 또한 대중과 함께 합장하고 한 목소리로 "나무아미타불"을 열

마디 소리 내어 부른 다음에 강연 · 법회 · 대중공양 등의 활동을 진행하는 것을 말합니다.

자기 스스로 하거나 다 같이 하는 십념법대로 수행하면 특별한 법익法益이 있는데, 아래와 같습니다.

1. 이 법은 간단하고 행하기가 쉬우며, 짧은 시간에 효과를 대단히 크게 거둘 수 있고, 확실하고 절실하여 오래도록 폭넓게 행할 수 있습니다.

2. 이는 "불법을 가정에 두루 활용하는(佛法家庭)" 구체적이고 효율적인 방법입니다. 예를 들어 가정에서 세끼 식사 때마다 이를 행하면, 이 법을 믿던 믿지 않던 가족 구성원 모두 빠짐없이 가피(攝持)를 입을 뿐만 아니라, 부처님의 교화(佛化)를 받은 친척 · 친구, 이웃사람들이 생기게 되어 사회에 널리 퍼지는 큰 이익이 있습니다.

3. 이 법은 간단하고 행하기가 쉬워서 하루 아홉 차례 행하기가 아침부터 저녁까지 종일토록 부처님의 기운이 끊어지지 않습니다. 하루 생활하는 가운데 부처님의 생각이 계속 이어져서 하루 또 하루 오래도록 이와 같이 염불을 계속할 수 있으면 수행인의 기질과 심성이 차츰차츰 청정해지고 신심과 법락法樂이 생겨나니, 그 복이 많아 다함이 없습니다.

4. 만약 인연에 수순하고 사이좋게 지내면서 부처님 명호를 열 마디 소리 내어 부른다면, 섞이고 물듦(雜染)을 제거할 수 있고, 생각을 맑고 깨끗하게 하며, 정신을 모아서 도를 닦는 데 전념할 수 있으며, 나아가 하는 일(所辦)마다 쉽게 성사되고, 만나는 환경(所遇)마다 좋은 징조가 있으며, 부처님의 가피를 입으며, 불가사의한 공덕이 있을 것입니다.

5. 스스로 하는 수행과 다 같이 하는 수행은 서로 도움을 주고 서로 융합하여 자량資糧을 모으니, 개인의 왕생극락도 손안에 있고, 공동으로 하는 보살대업도 다 함께 이루어집니다.

6. 이 법은 두 가지 법으로 이름할 수 있습니다.

1) "정업가행십념법淨業加行十念法"으로 이미 정해진 일과를 행하고 있는 수행자들을 위한 것입니다. 본래부터 해오던 수행일과와 목표량(課業)에 더욱 분발하여 증진 수행(加行)하는 것이기 때문입니다.

2) "간요필생십념법簡要必生十念法"으로 이 법은 지금 또는 앞으로 정업을 닦는 학인들 가운데 대부분 정해진 일과가 없는 사람들에게 알맞습니다. 오늘날 사회가 점차 변화함에 따라 매우 바빠 여유가 없으므로 법을 행하기에 걸림도 많고 어려움도 많기 때문입니다.

그러나 이 법은 자량資糧을 모으기가 쉽고, 믿음과 발원으로 그것을 행하기 때문에 쉽고 원만히 갖추어져 있습니다. 또한 "육근을 모두 거두어 들여 청정한 생각이 이어지게 한다(都攝六根 淨念相繼)"는 표준에도 아무런 흠이 없이 잘 부합한다고 할 수 있습니다.

이는 매번 염불하는 시간이 짧아 마음을 거두어 들이기가 쉽고 나태해지지 않기 때문입니다. 또한 아홉 차례 염불로 공덕을 짓는 수행(功行)이 하루 종일 균형 있게 분포하여 관통하기 때문에 종일토록 몸과 마음이 부처님이 되지 않을 수 없습니다. 즉 하루 종일 '생활을 염불화'하고, '염불을 생활화'하는 것입니다.

종합해 말하면, 이 법은 간단명료하고 행하기가 쉬우므로 막혀서 어려움을 겪는 고통이 전혀 없습니다. 만약 이와 같은 법이 크게 행해진다면 정업의 학인들에게도 다행한 일입니다! 미래 중생들에게도 다행한 일입니다! 모든 부처님께서도 기뻐하십니다.

나무아미타불

1994년 제불환희일諸佛歡喜日
미국 정종학회 사부대중 동륜同倫께서
공경히 권청함

부록 3

임종에 갖추어야 할 지혜로운 배와 노[臨終舟楫]

- 대세지보살의 화신 인광대사 염불조력[助念]법문 -

보적 김지수 역[1)]

부처님께서 사람에게 여덟 가지 인식(八識)이 있다고 말씀하셨으니, 곧 지식(知識: 지각)이오. 앞의 다섯 인식[前五識]은 눈[眼]·귀[耳]·코[鼻]·혀[舌]·몸[身]이고 제6식은 의식[意: 뜻]이오. 제7식은 말나식(末那識)으로 전송식(傳送識)이라고도 하고, 제8식은 아뢰야식(阿賴耶識)으로 또한 함장식(含藏識)이라고도 부르오.

무릇 사람이 생겨날 때는 제8식이 가장 먼저 오고 제7·6·5식이 차례로 뒤따라 온다오. 그리고 죽을 때는 이 제8식이 가장 뒤늦게 떠나고 나머지 인식은 역순으로 차례대로 떠나간다오. 무릇 제8식은 곧 사람의 영적 인식(靈識)으로 세속에서 흔히 말하는 영혼(靈魂)이라오.

그런데 이 제8식은 신령스러워 사람이 어머니 뱃속에 수태(受胎)될 때에 맨 먼저 찾아온다오. 그래서 어머니 뱃속에 자리잡은 태아가 살아 꿈틀거리는 것이라오. 사람이 숨이 끊어져 죽은

1) 김지수 전남대 법학전문대학원 교수가 〈인광대사 가언록〉에서 번역한 글입니다.

다음에는 곧장 떠나가지 않고, 반드시 온몸이 다 차갑게 식기를 기다려 따뜻한 기운이 조금도 남아 있지 않은 뒤 비로소 이 제8식이 떠나가오. 제8식이 떠나간 다음에는 터럭끝만큼도 지각(知覺)이 없소.

그래서 만약 몸에 한 곳이라도 따뜻한 기운이 조금만 있다면, 제8식은 아직 떠나가지 않는 것이오. 이때 몸을 만지고 움직이면 그 고통을 알아느끼기 때문에, 옷을 갈아입히거나 손발을 펴고 굽히거나 몸을 옮기는 따위의 일을 해서는 결코 안 되오. 만약 조금이라도 만지고 손댄다면 그때 고통은 가장 참기 어려운데, 단지 입으로 말할 수 없고 몸을 움직일 수 없기 때문에 표현하지 못하는 것 뿐이라오.

불경을 찾아보면, 목숨[壽]과 따뜻한 기운[煖]과 인식[識] 세 가지는 항상 서로 떨어지지 않는다고 적혀 있소. 만약 사람 몸에 아직 따뜻한 기운이 남아 있다면 인식도 존재한다는 뜻이고, 인식이 존재하면 목숨도 아직 끝나지 않은 것이오. 옛부터 죽었다가 사흘 또는 닷새나 지나 다시 살아난 사람이 많은데, 역대 기록을 찾아 보면 하나하나 상세히 확인할 수 있소.

유교에서도 죽은 뒤 사흘 만에 대렴(大殮: 시신을 관 속에 넣고 뚜껑을 덮어 못 박는 일)의 예법을 행하는데, 이는 가족들이 사모와 비애의 감정으로 만에 하나 혹시라도 살아나지 않을까 바라는 마음을 배려하기 때문이오. 우리 불교의 승가에서는 비록 되살아나기를 바라는 것은 아니지만….

그러나 그가 몹시 고통스러울 수 있음을 염두에 두지 않을 수 없소. 부랴부랴 움직이고 옮기거나 변화시킨다면 자비심은 과연 어디에 있겠소?

옛말에 "토끼가 죽으면 여우가 슬퍼한다"[兎死狐悲]는 속담이 있소. 짐승 같은 미물도 비슷한 종류(처지)를 서글퍼함이 오히려 이와 같거늘, 하물며 사람이고 더구나 같은 불자인 우리들이 그러하지 않을 수 있겠소? 그리고 사람의 감정이란 게 고통이 극도에 이르면 성질을 내기 쉬운 법인데, 임종에 성질 내는 마음을 품으면 타락하기 가장 쉽소.

불경에 보면, 아기달왕(阿耆達王)이 불탑과 사원을 세워 그 공덕이 매우 크고 높았는데, 임종에 시중들던 신하가 부채를 들고 있다가 왕의 얼굴에 떨어뜨리는 바람에 왕이 고통스러워 성질을 낸 까닭에 죽어서 그만 뱀의 몸으로 떨어지고 말았다는 기록이 실려 있소. 물론 생전의 커다란 공덕으로 말미암아 나중에 사문(沙門: 수행스님)을 만나 자신에게 들려주는 설법을 듣고 뱀의 몸을 벗어나 천상에 올라갔다고 하오.

이로 미루어 보건대, 죽은 이의 인식이 완전히 떠나가지 않은 상태에서 옷을 갈아 입히고 옮기거나 화장을 하면, 그로 하여금 고통스러워 성질을 내게 함으로써 더욱 타락하도록 조장하는 결과가 되겠소. 잔인한 마음으로 이치를 어기고 일부러 참혹한 독약을 베풀려는 자가 아니고서야 어찌 이런 짓을 할 수 있겠소? 내가 죽은 이와 무슨 원수를 지고 무슨 한이 있다고 선량한 마음으로 악한 인연을 맺으려고 하는지 정말로 잘 생각해야 하오.

만약 이것이 눈에 보이지 않는 아득한 일이라 증거를 댈 수 없다고 말하는 자가 있다면, 그는 경전에 기록된 내용도 믿을 수 없단 말이오? 지금까지 불어난 각종 폐단은 결국 산 사람들이 죽은 이의 고통을 불쌍히 여기지 않고, 단지 신속하게 일을 끝마치려는 생각에서 몸의 따뜻한 기운이 식어감을 자세히 살펴볼 여유를 갖지 않았기 때문이오.

이러한 습관이 반복되어 일상처럼 되었기 때문에, 설령 이러한 이치를 언급하는 자가 있더라도 도리어 어리석다고 비웃음을 당하고, 죽은 이의 고통은 더욱 펴지기가 어렵게 되었소.

오호라! 세상에서 가장 고통스러운 일은 태어남과 죽음 밖에 없도다. 태어남은 산 거북이의 등가죽(甲)을 벗기는 것과 같고,

죽음은 산 게를 끓는 물에 집어 넣는 것과 같다오. 여덟 가지 괴로움[八苦]이 한꺼번에 번갈아 지지고 볶아댈 때 그 아픔을 이루 다 말할 수 있겠소?

바라건대, 환자를 보살피고 시중드는 모든 사람들은 세심하게 주의하고 신경쓰되, 특히 환자와 쓸데없이 한가한 잡담을 나누어 그의 마음을 어지럽게 흩어 놓아서는 절대로 안 되오. 어수선하게 떠들어대거나 구슬픈 심기를 내색하지 말아야 하오. 오직 환자에게 몸과 마음을 모두 놓아버리고 한마음으로 염불에 집중하여 극락왕생을 발원하도록 권해야 마땅하오.

또한 자신이 스스로 염불조력[助念]하여, 환자가 그 염불 소리를 듣고 마음 속으로 따라서 염송하도록 이끌어야 하오. 만약 재력이 넉넉하다면, 여러 스님들을 초청하여 조를 짜서 번갈아 염불해 주도록 안배하여 염불 소리가 밤낮으로 끊이지 않게 하면 더욱 좋겠소.

환자가 귓속에 늘 염불 소리를 들으면서 마음속으로도 부처님의 성호를 늘 염송하기만 한다면, 틀림없이 부처님의 자비원력의 가피를 받아 극락왕생할 것이오.

만약 재력이 없다면 가족 모두 함께 마음을 내서 직접 염불조력함으로써 최후의 연분을 잘 매듭짓도록 하여야 하오. 사후에 처리할 일들일랑 행여라도 환자 앞에서 발설하여서는 절대 안 되오. 다만 목탁이나 방울 치는 박자에 맞춰 큰 소리로 염불하여 한 글자 한 글자가 또렷또렷 환자 귓속에 들어가고 환자 마음이 늘 염불에서 벗어나지 못하도록 해야 하오. 소리가 둔탁(鈍濁)한 목탁은 임종시 염불조력에 결코 써서는 안되오.

환자의 몸은 앉든지 눕든지 그의 자세에 자연스럽게 맡기고 절대로 움직이거나 옮기지 말며, 모두 염불에만 전심전력하며, 숨이 끊어지고 온몸이 싸늘하게 식어 정신의식(神識)이 완전히 떠나가기를 기다린 후, 다시 두어 시간은 지나야 바야흐로 몸을 씻기고 옷을 갈아 입힐 수 있소. 만약 몸이 싸늘해져 딱딱하게 굳은 경우에는, 뜨거운 물로 씻기고 뜨거운 수건을 팔이나 무릎 관절에 덮어 씌우면 한참 지나 다시 부드러워진다오. 그때 감실(龕室: 坐棺) 안에 안치해도 늦지 않소.

할 일이 모두 끝나면 더욱이 계속 염불해야 하오. 독경이나 참회예불과 같은 다른 불공(佛功)은 그 어느 것도 염불만큼 커다란 이익을 가져다 주지 못하오. 출가나 재가를 막론하고 모든 권속들이 한결같이 이에 따라 실행한다면 죽은 이나 산 사람 모두 큰 이익을 얻게 되리다.

그리고 우리 부처님께서는 열반하실 때 본래 오른쪽 옆구리를 땅바닥에 대고 누우셨기 때문에, 그 자태 그대로 관에 넣어 다비(茶毗: 화장)하였소. 그러므로 후대 사람들도 각기 자연스러운 자세에 따라서, 앉아서 입적한 사람은 감실에 안치하고 누워서 열반한 사람은 관에 안치하는 것이 더 합당할 것이오. 그러나 지금 사람들은 오랜 습관이 풍속으로 굳어져 아마도 그렇게 여기지 않을 것이니, 또한 각자 편리한 대로 행하도록 그 뜻에 맡기면 되오.

사람이 죽은 후에 나타나는 좋고 나쁜 모습과 감응은 원래 사실상의 근거가 있소. 좋은 곳[善道]에 나는 사람은 몸의 열기가 아래로부터 위로 올라가며, 나쁜 곳[惡道]에 떨어지는 사람은 열기가 위로부터 아래로 내려가오. 온몸이 다 식은 뒤 마지막 열기가 정수리(頂)에 모이면 성도(聖道: 극락세계)에 올라가고, 눈(眼)에 모이면 천상(天道)에 생겨나며, 심장(心)에 모이면 인간(人道)에 환생하고, 배(腹)에 이르면 아귀도(餓鬼道)에 떨어지며, 무릎에 이르면 축생(畜生道)으로 태어나고, 발바닥에 몰리면 지옥(地獄道)에 떨어진다오.

그래서 대집경(大集經)의 임종징험게(臨終徵驗偈)는 다음과 같이 설하고 있소.

頂聖眼天生　人心餓鬼腹

畜生膝蓋離 地獄脚板出
정수리는 성인에, 눈은 천상에 생겨나고
사람은 심장에, 아귀는 배에 모여든다.
축생은 무릎을 통해 떠나가고
지옥은 발바닥으로 빠져나간다.

무릇 태어남과 죽음은 그 어느 누구도 피할 수 없는 인생의 중대한 일이오. 그래서 이 한 순간만큼은 가장 조심하고 신중해야 하오. 환자를 돌보는 사람은 마땅히 한 몸과 같은 자비심(同體之悲心)으로 죽는 이가 극락왕생의 대업을 원만히 성취하도록 적극 도와주어야 하오. 옛사람의 시에 이런 구절이 있소.

我見他人死 我心熱如火
不是熱他人 看看輪到我
내가 다른 사람 죽는 걸 보면
내 마음 불처럼 뜨겁게 달아오네.
다른 사람 때문에 뜨거운 게 아니라
곧 내 차례가 돌아올 걸 생각해 보니….

인연(因緣)과 그에 대한 과보(果報)의 감응(感應)은 한 치도 어그러짐이 없소. 그래서 스스로 이롭기를 바란다면 반드시 먼저 남을 이롭게 해 주어야 하오. 이 글을 적어 동포들에게 널리 알리노니, 모든 사람이 각자 주의하고 명심하여 실행하길 간절히 기원하오.

24시간 염불이 저절로 이어지도록 애를 써야 합니다.
일어날 때 나무아미타불! 잘 때도 나무아미타불!
부대사傅大士는 "야야포불면 조조환공기夜夜抱佛眠 朝朝還共起
(밤마다 부처님을 안고 자고, 아침에 부처님과 함께 일어나네)"
라고 했습니다.
아미타불 염불을 많이 하면 멀리 계시는 아미타불이 바로
내가 도로 아미타불임을 느끼게 됩니다.
"도로아미타불"은 원래 자기 자성으로 도로 돌아오는 아미타불입니다.

- 광원환성 큰스님(영평사 주지)

출판 자금을 내거나
독송 · 수지하는 사람과
여러 사람 여러 장소에
유통시키는 사람들을 위해
두루 회향하는 게송

경을 인쇄한 공덕과 수승한 행과
가없는 수승한 복을 모두 회향하옵나니,

원하옵건대 전생 현생의 업이 다 소멸되고,
업과 미혹이 사라지고 선근이 증장되며,

현생의 권속이 안락하고, 선망 조상들이 극락왕생하며,
시방찰토 미진수 법계, 공존공영하고 화해원만하며,
비바람이 항상 순조롭게 불고 세계가 모두 화평하며,

일체 재난이 없어지고 사람들이 건강 평안하며,
일체 법계 중생들이 함께 정토에 왕생하게 하소서.

무량광명無量光明으로 질병 재난 예방하는 법

첫째도 둘째도, 마음을 안정하고 기도하여
불보살님의 가피를 얻는 것이 가장 중요하고 확실한 방법입니다.
부처님께서는 몸과 마음의 병을 치료하는
가장 좋은 약을 아가타약이라 하셨는데,
그것은 돈도 안 들고 아주 간단한 나무아미타불 염불입니다.
일정한 시간, 혹은 시시때때로 한 번이라도 나무아미타불 하시면
전염병뿐만 아니라 어떠한 질병이나 사고 액란도 침범하지 못하고,
앓고있는 중병도 씻은 듯이 사라집니다.
우리 모두 코로나 핑계 삼아 나무아미타불 염불로 건강도 지키고
왕생극락 혹은 천국행 티켓도 따놓읍시다.
나무아미타불 나무아미타불 나무아미타불!

-광원환성 큰스님(세종 영평사)

정토참법 (淨宗法要集)

1판 1쇄 펴낸 날 2018년 12월 28일
1판 9쇄 펴낸 날 2024년 6월 10일

편역 무량수여래회
발행인 김재경 **편집 · 디자인** 김성우 **마케팅** 권태형 **제작** 다산문화사
펴낸곳 도서출판 비움과소통
서울 금천구 가산디지털2로 43-14, 가산한화비즈메트로2차 702호
전화 010-6790-0856 팩스 0505-115-2068
이메일 buddhapia5@daum.net

ISBN 979-11-6016-046-8 03220